10歳までの子育ての教科書

「子育てのやり直し」はできません

はじめに

子育てのやり直しができたら……

「子育てをやり直したい」、そう思っている親が多いことをご存じですか？
もっと、愛情を注いであげればよかった。もっと、しつけをしっかりすればよかった。もっと、叱り方を考えればよかった。

子どもは十人十色。それぞれが輝ける個性をもった存在です。だから、子育てに絶対的な正解はなく、親には、どうしても子育ての悩みがつきまといます。

子どものために、どうしてあげることが一番いいのか。そのことを一生懸命考えることは、とてもいいこと。でも、そのことでどんどん悩みを抱えて、どうしたらいいかわからなくなってしまうのは避けたいですよね。

子育てのプロがあなたをサポート！

この本は、特に子育てで大切と言われる10歳までにスポットをあて、少しでも親の悩みを解消できればという思いでまとめられた1冊です。

本書に登場するのは、子育てのプロフェッショナルたちです。塾の先生、学校の先生、学者、話題の教育書の著者など、さまざまな教育のプロたちがアドバイスします。小さいうちに「よいスパイラル」に乗せてあげれば、その子の人生は、きっとうまくいく。

そのことを考えて、4つのパートで構成されています。

10歳までが、こんなに大切

1時間目は、「10歳までがなぜ大切なのか」。脳科学、生物学、スポーツ心理学の角度から、10歳までが大切な理由を紹介します。

2時間目は、「頭のいい子が育つ生活習慣」。本書を手にされた方の中には、勉強をみてあげたり、習い事に行かせたり、いろいろ手をかけているのに、なぜか成果が上がらないと、悩んでいる方も多いかもしれません。家庭で子どもが身につけた生活習慣は、学力、運動面、社会性など、あらゆることのベースになります。生活習慣はすべての基本です。先生方のアドバイスに基づいて、一度、わが家の生活を見直してみてください。

3時間目は、「できる子になるための家庭学習マニュアル」。勉強ができる子の家庭は、意外にも親がしつこく勉強しなさいと言わないし、子どもたちも決して勉強が大好きなわけでもありません。それでも成績がよいのは、小さいころから学習することが習慣になっているからです。

4時間目は、「教えて！　子育ての新常識Q＆A」。子育ての環境も、ひと昔前と比べると大きく変化してきています。自分が育ったころの常識が、そのまま子どもたちに通用しないこともあります。

たとえば、テレビゲームが普及し始めたころは、子どもの学力を低下させことが、じつは子どもたちには逆効果になっている可能性があります。今までよかれと思ってやってきた上につながることがわかってきています。ところが、使い方次第で子どもの学力向るものとして考えられてきました。

本書では22人の教育のプロからアドバイスをいただきました。基本的なスタンスは、すべての先生が「よい習慣は、なるべく子どもが小さいうちから身につけさせる」ということです。今の環境から劇的に変える必要はありません。無理をすると、子どもにも親にもストレスがかかることになり、結果として「よいスパイラル」に乗せられなくなってしまいます。少しずつ、自然に子どもが変わっていける環境を整えてあげましょう。

子育てに正解はありません。だからこそ、子どもと向き合いながら、それぞれの親子にあった方法で、ゆっくり「できる子」に育てていくことが肝心になります。

本書が、そうした親子の道しるべになれば幸いです。

アスコム

3時間目
できる子になるための家庭学習マニュアル

4時間目

教えて！ 子育ての新常識Q&A

生活習慣編

家庭学習編

1 時間目

10歳までが なぜ大切なのか

10歳までじゃないと
ホントに
間に合わないの？

学校の先生をはじめ、
教育の現場に立つ人たちは、
9〜10歳あたりを境に子どもの思考に
大きな変化が現われることを
経験的に知っています。
だからこそ、それまでが大事だということも。
最近になって、
その科学的な根拠が明らかにされてきました。
脳科学者の篠原菊紀さん、
生物学者の池田清彦さん、
そしてスポーツ心理学者の児玉光雄さんに、
なぜ10歳までが大事なのか、
お話を伺いました。

頭の使い方の基礎は、前頭葉がほぼ完成する10歳で決まります

篠原菊紀先生

しのはら・きくのり　諏訪東京理科大学共通教育センター教授。東京理科大学総合研究機構併任教授。専門は脳神経科学、応用健康科学。著書に『子供が勉強にハマる脳の作り方』（フォレスト出版）、『男の子の脳を育てるのはどんな親？』（宝島社）、『キレない子どもの育て方』（集英社）など。

人間は一般的に、９歳か10歳を境にしてものの見方がガラリと変わり、それ以降、高度な抽象的思考を獲得していきます。たとえば、物事を自分と切り離しながら見られるようになったり、別の地点に立って見るとどうなんだろうということを考えられるようになったりするのがこの時期で、教育学や教育心理学の世界では「10歳の壁」（注1）という言葉で説明されている現象です。ちょうどこの時期に前頭葉、とくに46野付近（注2）の発達がピークを迎えます。

脳は場所によって役割が違っていて、たとえば、後頭葉は見えるものの

処理をするし、側頭葉は聞いたり理解したりということをするし、頭頂葉は動きだとか感覚の処理をしています。では、前頭葉はと言いますと、それらの場所で処理されてきた情報を総合的に組み立てて出力するということをやっているわけです。

その基礎になるのがワーキングメモリの力、記憶や情報を一時的にアクティベイト（活性化）して結果を導く力です。この力に特にかかわるのが46野。トラブルを解決したり、うまく人を動かしたり、たくさんの仕事をこなしたりといった、この社会で生きていくのにもっとも必要な能力――俗っぽく〝生きる知恵〟と言ってもいいかもしれませんが――は、この前頭葉の働きに直接リンクする部分が多いと考えていいでしょう。ちなみに有名中学の入試では、ただ記憶力を問うのではなく、問題解決能力、つまりワーキングメモリの力を試すような問題を多く出してきますよね。そういう学校は、後々伸びるのは前頭葉をちゃんと使える受験生だと経験的に知っているのでしょう。

さて、その**前頭葉46野付近がおおむね完成するのが、個人差はありますが、だいたい10・5歳。**その後も20歳過ぎまでダラダラと成長を続けます。年をとってから厚みを増すことも報告されています。いずれにしても他の脳部位に比べれば成長が遅いのです。そして成長が遅いということは、その分、遺伝の束縛が少なく、環境や教育によってどうにでも変わりうる、ということなんです。

だからこそ、10歳までの教育が重要になってきます。オリンピックで金メダルを取る、有名なピアニストになる（注3）、という話になると遺伝性も強く絡んできてそう簡単ではありませんが、どことなく魅力的だった同級生が会社の社長になって経営センスを発揮する、というのはふつうにありうる話です。まさに、子どもの才能を引き出すのも潰すのも周りの大人次第、と言えるでしょう。

脳を育てる時期に結果を求めてはいけない

さて、こうして見てみると、10歳までの教育で大切なのは知識の詰め込みなどではなく、**「前頭葉が10歳以降にうまく働いてくれるようにいかにいい刺激を与え、上手に成長させるか」**であると考えられます。就学前や小学校低学年の子に詰め込み教育をするのはあまり意味がないばかりでなく、前頭葉の成長を阻害する原因ともなりかねません。

では、10歳まではいったいどのような教育を行えばいいのでしょうか。

たとえば小学1、2年生でひらがなや漢字の書き取りをたくさんやるのは、詰め込みのように見えますが、実は、前頭葉の鍛え方としては理にかなったやり方です。ここで重要なのは、小学校低学年の場合、使いやすい前頭葉を作ることが目的ですから、必ずしもすべてをしっかり覚える必要はないということです。書き取って覚えるときの工夫そのものが前頭葉にとって重要なので、全部覚えたかどうかはあまり問題ではありません。

多くの塾で、低学年の時期に高学年で扱う内容を先取りしていながらも、その時点ではできたかできないかを問わないようにしているのはそのためです。ここが10歳より上の子の学習との大きな違いです。10歳以降になるとすでに前頭葉はほぼ完成していますから、側頭葉にがんがん知識を詰め込むのも有効になってきます。

安定した生活リズムが脳を成長させる

実は、前頭葉をきちんと成長させるために、学習面以上に大切なことがあります。それは生活のリズムをきちんと整えるということです。

生活リズムと脳には密接な関係があります。

例えば、睡眠。

昼間起きて、夜眠るという睡眠が正しく行なわれることは、ノルアドレナリン系の神経系統とセロトニン系の神経系統（注4）との関係がうまく育つことと大いに関係がありますし、レム睡眠とノンレム睡眠という睡眠の深さのリズムとモノアミン系の神経系統（注5）の成長とはほとんど対です。いい眠りが記憶の定着やひらめきを促進することも知られています。

安定した生活リズムを作るには、「**規則正しい睡眠**」に加えて「**適度な運動**」と「**規則正しい食事**」が欠かせません。

しかし、最後の「規則正しい食事」は、特に最近乱れているようです。

朝ごはんをきちんと食べさせる家庭の子どものほうが、食べさせない家庭の子どもよりも成績が良くなる（注6）というのは、いまや常識でしょう。脳はエネルギーの約20％を消費しますから、朝ごはんを食べないと脳がエネルギー切れを起こし、当然、脳の働きは低下します。

3歳時点で脂肪や砂糖が豊富な食事を摂っていると8・5歳時点でのIQが低い傾向にあり、逆に、8・5歳時点で健康に気を使った食事を摂っているグループはIQが高い傾向にあるとの報告も最近ありました（注7）。

前頭葉の発達のためには、自分でものごとが考えられるようになる9〜10歳までに、正しい生活のリズムができあがっていることがもっとも大事なのです。この時期に夜遅くまで頑張って勉強させるよりも、早寝早起きや規則正しい食生活を実践させてあげるほうが、ずっと頭のいい子に育つのです。

そしてお手伝いをさせてください。

実は国際比較で「お手伝いしなさい」ともっとも言われていないのが、

日本の子どもたちなのです。それもダントツ。お手伝いは前頭葉を使う仕事ですし、生活リズムを作るという意味でもたいへん重要です。ぜひ、子どもには、どんどんお手伝いをさせてください。

（注1）「10歳の壁」
教育界で広く使われている用語で、9〜10歳の頃に脳の認知機能が変化することを指す。「9歳の壁」とも。この壁をうまく乗り越えられないと、いわゆる〝大人の思考〟ができないまま大人になっていくことになる。

（注2）前頭葉46野
ワーキングメモリの中枢。脳の各部位や外界からの情報をもとに判断を下し、行動させる脳の司令塔的な役割を持つとされる。我慢や抑制にも強く関わり、ここが未発達だとキレやすくなるとも言われている。脳の各部位には、名称とは別に番号がつけられており、ここには46番の番号がついているので46野と呼ばれる。右脳・左脳両方に１カ所ずつある。

●（注3）オリンピックで金メダル、有名なピアニスト

「身体運動知能」は運動野や体性感覚野や小脳などが、「音楽的知能」は主に右脳の側頭葉などが関連している。脳のこれらの部位は少なくとも5歳以前にはほぼ完成するため、前頭葉に比べて相対的に環境影響を受けにくい。また、運動や音楽で求められる才能は、同世代でナンバーワンになる必要があるなどレベルが高く、遺伝的要素に頼らざるを得ない。

●（注4）ノルアドレナリン、セロトニン

いずれも神経伝達物質。ノルアドレナリン系神経は脳を目覚めさせて注意水準を高め、怒りやおびえなどの行動を司る。セロトニン系は幸福感を与え、ノルアドレナリン系の怒りやおびえなどの作用を和らげるといった働きをしている。この相互作用のバランスの基礎が1歳前に完成する。この発達のバランスが崩れると人格形成、行動様式などに影響が出ると考えられている。

●（注5）モノアミン

ノルアドレナリンとセロトニンに、ドーパミンなどを加えた神経伝達物質を総称して「モノアミン系神経伝達物質」という。

●（注6）朝ごはんと学力

例えば2005年、東京都が小学5年生を対象に朝食と学力テストの成績との関係を調べたところ、4教科すべてにおいて朝食を食べる子のほうが成績はよかったが、特に算数は食べない子と比べて14%も点数が高かった。文部科学省は朝食抜き子どもの増加を危惧し、2006年度から「早寝早起き朝ごはん」プロジェクトをスタートさせている。

●（注7）最近の報告

Kate Northstone et al, Are dietary patterns in childhood associated with IQ at 8 years of age? A population-based cohort study. J Epidemiol Community Health（2010）-

一番いい時期に一番いい刺激を与えれば、子どもはきちんと育ちます

池田清彦先生

いけだ・きよひこ　早稲田大学教授。進化論、科学論、環境問題から脳科学、発達心理学まで幅広く論じるサイエンティスト。「ホンマでっか!?TV」（フジテレビ系）などに出演して話題に。主な著書に、『すこしの努力で「できる子」をつくる』（講談社）など。

「遺伝的に決まっているものはどうにもならない」という考えがひと昔前まで支配的でした。しかし、だんだん研究が進んでくると、**必ずしも遺伝ですべてが決まるわけじゃないということがわかってきたんです。**たとえば同じ遺伝子を持つ一卵性双生児でも、発生のプロセス（注1）でいろいろなバイアスがかかって、一方は遺伝性の病気が発症するのにもう一方は発症しない、ということがあります。つまり、行動や形態や遺伝病の発現を決めるのは遺伝子だけでなく、遺伝プラス環境の刺激なんです。

環境がどれだけ重要かについて、ひとつ例を挙げましょう。

人間は生まれつき目が見えるものだと思っている人が多いと思いますけど、実はそうではないんですね。光の刺激を与えられて、見るということを学習していくんです。それで初めて目が見えるようになる。だから、仮に生まれたばかりの赤ちゃんにアイマスクをして2年も見えない状態にしておいたら、その子は目が見えなくなっちゃう。

つまり、適切な時期に適切な刺激を与えなければうまくいかないわけです。目の話もそうですが、脳は、本来つながる回路——シナプス（注2）といいます——をある段階でつなげてあげないと、そのあと構築することが極めて難しい。それをつなぐのにもっとも適切な時期が「**臨界期**」（注3）です。**たとえば、言語は胎児のころから7、8歳までが臨界期と考えられていて、**その間に構築したものがネイティブ言語になるわけですね。

基本を知っている子はあとから伸びる

胎児期から小学校低学年にかけて脳の構造と機能はだいたい決まりますから、その間の環境はもちろん非常に大事ですが、だからといって、なんでもかんでも小さいうちに教え込まなければいけない、ということはありません。

たとえば、箸の持ち方なんて世の中の親はうるさく言いますけど、あんなものは大人になってからでもすぐにできます。子どもって、雑誌の付録を作ったりとか、虫をいじったりとか、手を使っていろいろやるでしょう。鉛筆の持ち方、箸の持ち方、ブロックの組み立て方、それ自体が重要なのではなく、その基本的な手の動かし方が重要なのです。

「できる子」とは、基本的なことをとてもよくわかっている子のことだと思うんですね。基本がわかっているということは応用ができるということです。

瑣末（さまつ）なことばかり教えていると、大きくなってから伸びません。1歳や2歳の子に、読み・書き・そろばん（注4）を覚えさせようとしたって無駄でしょう。無駄どころか、その時期に本当に教えなければならない大切なことがその分抜けてしまったら、害のほうが大きいわけです。

あんまり焦らずに、適切な時期がきたらそのときに必要な教育だけを施す。つまり、なるべく楽をして最大の効果を上げよう、というのが私の提案です。

「外遊び」によって身につく力

私自身の〝手抜き育児〟を振り返ってみると、**子どもたちが生まれてからの4、5年は真剣に遊んであげていましたね。**脳の発達を考えると、この時期は特に重要なんです。そのあとは休日のたびに虫採り（注5）に行ったぐらいで、かなり適当でした（笑）。

でも、最近の子は外で遊ばないから、なるべく子どもを外に連れ出してあげたほうがいいと思いますよ。

キノコ採りとか、写真を撮るとか、釣りとか、なんでもいいわけだけど、親が遊んであげられなければ、おじいちゃんおばあちゃんが連れて行ってあげるっていうことも、団塊世代が大量に定年を迎えているので、はやるかもしれませんね。

「遊び」が重要なのは、困難に直面したときに自分で解決する力がつくからです。最近はゲームばかりで、マニュアル本を見たり、誰かに聞いたりして解決できてしまうんですが、昔は友だちと変なところに行って帰れなくなったりとか、木に登って降りられなくなったりとか。

もしかしたらこのまま死んでしまうかもしれないなと思いながら、どうにかしてうまいこと考えて、とにかく危機を脱出しなければならない。それを何とか脱した体験は重要で、次に同じような目にあったときにパニックになりません。あんまりうまく軌道に乗っている子って、困難に直面したときにパニクっちゃう。そういうときに**冷静に考えられる頭脳は、危険な遊びによって身につくと思うんです。**もちろん、それで本当に死んじゃったら困るわけですが。

今のいじめの問題も、外遊びをしなくなったことと関係があるような気がします。昔は友だちと遊びに行っても、遊ぶ相手は「友だち」じゃなくて「自然」でした。ひとりで遊んでも面白くないから誰かと虫採りに行ったりしたけど、そういうとき友だちは遊びの対象じゃないわけです。今は

「遊ぶ」というのは、「その友だちと遊ぶ」ってことだから、とてもタイトな人間関係が生まれてしまう。そんな狭い世界に疲れ果ててしまう前に、自然の中で虫採りでもすることの楽しさを、小さいうちからぜひ教えてあげてください。

(注1) 発生のプロセス

ここでの「発生」とは、受精してから成熟した個体になるまでのことをいう。つまり「発生のプロセス」とは、人間なら、母親のおなかにいるときから大人になるまでの間をさす。

(注2) シナプス

脳の神経細胞（ニューロン）どうしのコミュニケーション（ネットワーク）のこと。ニューロンはそれぞれ固有の機能を持っているが、それらがシナプスによってつながると、より複雑な機能を果たすようになる。このネットワークは、だいたい2歳で基本構造が完成したあと、5歳ぐらいまでシナプスの数はほとんど変わらないかむしろ少し増えるが、その後はどんどん減っていき、20歳ころまで減り続けて安定する。

(注3) 臨界期

ある機能や能力を獲得するのに、もっとも適切な時期のこと。対象となる能力によって臨界期が違うことを知り、「とにかく早く始めればいい」と勘違いしないことが大切。たしかに音楽やある種のスポーツ、囲碁や将棋の分野で〝天才〟を育てようと思ったら、10歳ぐらいまでのある時期から特殊な教育を始める必要があるが、才能は生得的な部分も非常に大きいため、教育によって誰でも天才になれるとは限らない。

(注4) 読み・書き・そろばん

小学校低学年が、「読み・書き・そろばん」の臨界期。つまり、この時期にひらがなやカタカナ、漢字、九九、たし算や簡単な引き算を教えれば、もっとも効率よく覚えられる。この6歳から8歳ぐらいまでの間には、多少無理をしてでも、すべての勉強の基礎となる「読み・書き・そろばん」をしっかり身につけさせることが重要。

(注5) 虫採り

小学生のころから現在に至るまで続けているという池田氏の「虫採り」は、かなり本格的。自宅には子ども時代から集めた標本が約800箱あり、新種の虫を発見することも。解剖学者の養老孟司氏、フランス文学者で日本昆虫協会会長の奥本大三郎氏と虫について語り尽くした本（『三人寄れば虫の知恵』、新潮文庫）も出している。

習慣づけは、スタートの時期が早ければ早いほどうまくいきます

児玉光雄先生

こだま・みつお　鹿屋体育大学助教授。スポーツ心理学者。スポーツの各分野のチャンピオンや指導者をさまざまな角度から分析し、能力開発に尽力。主な著書に『イチロー思考』（東邦出版）、『天才脳をつくる！　超右脳ドリル』（アスコム）など。

基本的には、人間の脳細胞は生まれた瞬間から増えることはなく、年を経るごとに減っていきます。しかし大事なのは脳細胞の数ではありません。脳細胞同士の神経ネットワーク（注1）が重要なのです。そしてこのネットワークは、学習によって強化されていきます。

10歳頃というのはそのネットワーク強化にとって、とても大切な時期なのです。

10歳頃の子どもの脳にとってとにかく大切なことは、脳にハードワーキ

ングをさせるということです。しかしそれは、決して強制されたものであってはなりません。あくまで子どもが自主的に行なうということが重要です。親はただ、そのための環境作りをしてあげれば良いのです。

まず、この環境作りという点で最も大事なのは、**何かをやるときは、毎日同じ時間に同じ場所で行なうということです。**

たとえば、私の大学に在籍していた競泳オリンピック金メダリストの柴田亜衣（注2）選手は、オリンピックの前、毎日17キロかかさず泳いでいました。彼女は朝6時から8時まで必ず大学のプールにいました。その後授業などに出て、夕方4時にはまたプールに戻る。そして6時までの間に、朝から合計して17キロを泳ぎきるのです。彼女は高校生の頃からそれが日課になってしまっているので、泳ぐ距離を減らすと逆に苦痛を感じるそうです。その習慣が、彼女をオリンピックのゴールドメダリストに仕立て上げたのです。

また、イチロー（注3）選手の少年時代を例にとると、彼は学校が終わると、父親相手に50球前後のピッチングを行ない、その後に200球のティーバッティング、さらに内野ノックと外野ノックを50球、さらにフリーバッティングを行なう、これを毎日繰り返したのです。このように、スポーツでも勉強でも、毎日同じ時間と場所でやる習慣をつけて「歯磨きを毎晩しないと気持ちが悪い」というのと同じレベルにまでなれば、子どもは自ら取り組むようになります。

また、重要なのは、この**習慣づけは年齢が小さければ小さいほどうまくいく**ということです。

まずは机の前に座る習慣をつける

それでは具体的に、勉強に関しては、どのようにして環境作りをすればよいでしょう。親が「自分の机で勉強しなさい」と言っても子どもは必ず嫌がります。でも、**「机の前に座ってさえいれば、ゲームをやってもマンガを読んでもかまわない」**と言えば、子どもは抵抗を感じずに机の前に座るようになりますね。

このように、毎日とにかく一定の時間、机の前に座る習慣をつけさせます。そうすると、自然にその間に勉強もするようになるのです。勉強時間が、初めは30分でも、成長するにしたがってその時間を延ばしていけば良いのです。仮に1日10分でも同じ事をやり続ければ３６５日で約60時間になります。

また、勉強部屋の環境を整えてあげることも効果的です。**理想的な勉強部屋は、まず、テレビがないことです。**あまりシーンとしているのも集中力を妨げるので、聴こえるか聴こえないかの音量で、クラシック音楽などを流すとよいでしょう。モーツァルト（注４）などは最適です。

もう一つ大事なのは親が勉強に付き合ってあげることです。その際には、父親の役割が非常に重要になります。イチロー選手を例にとると、彼は毎日お父さんと一緒に練習していました。だから挫折しなかったわけです。毎日は無理であれば週末だけでも、軌道に乗るまでは一緒にやってあげることです。

毎日（あるいは毎週）やるのは、２人で約束したルールだということを決めておくことも大事です。そうすれば、子どもが「今日はやりたくない」となった場合、「それは2人の間のルールだろう?」と言って、励ますことができるからです。

そのためには日頃からの、子どもとの円滑なコミュニケーションが必要でしょう。心理学の法則に「服従の心理」(注5)というものがあります。**信頼している親、あるいは上司から言われるのであれば、理不尽な要求さえも人は受け入れます。**逆に信頼していない相手から言われるのであれば、正当な提案をしても拒否してしまいます。ですから、子どもの信頼を得るということが、教育の一番の基本になるのです。

(注1)脳細胞同士の神経ネットワーク
人間の脳細胞は、それぞれ固有の機能を持つ。たとえば人の顔を認知するための細胞、言語を解読するための細胞などに分かれている。各細胞がシナプス（脳神経細胞同士を連結するライン）によって繋がることで、それぞれの情報を交換し、より複雑な機能を有するようになる。

(注2)柴田亜衣
1982年、福岡県生まれ。3歳より水泳を始める。2004年アテネ五輪800m自由形で優勝し、女子自由形で日本人初の金メダルを獲得。自己記録は、800m自由形（8分24秒54）、400m自由形（4分06秒74日本記録）。

(注3)イチロー
1973年、愛知県生まれ。本名は鈴木一朗。現在、アメリカのメジャーリーグ、シアトル・マリナーズ外野手（右翼手）。小学校3年生のときから7年間ほぼ毎日バッティングセンターに通い続けた話は有名。また、小学校6年生のときの作文に「ぼくの夢は一流のプロ野球選手になることです。3年生の時から今までは365日中、360日ははげしい練習をやっています。そんなに練習をやっているんだから、必ずプロ野球選手になれると思います」と書いている。

(注4)モーツァルト
1756年オーストリアのザルツブルク生まれ。1791年ウィーン没。ウィーン古典派を代表する大作曲家。ヴァイオリニストの父レオポルトから幼いころより音楽の手ほどきを受け、神童とされる。3歳でクラヴィーア（ピアノの前身となる楽器）を弾き始め、5歳で作曲を始めたと言われている。

(注5)服従の心理
心理学者スタンレー・ミルグラムによって検証された、権威に対する服従についての研究結果。人間は自分が権威を感じている相手であれば、たとえそれが社会通念的に間違った考え方であっても、受け入れてしまうという。

2 時間目

頭のいい子が育つ生活習慣

頭のいい子は特別な生活習慣から作られるの？

勉強を見てあげたり習い事に行かせたり、
いろいろ手をかけているのに
なぜか成果が上がらない……。
そんな悩みを持つお母さん、お父さん。
一度わが家での生活を見直してみませんか？
家庭で子どもが身につけた生活習慣は、
学力、運動面、社会性など、
あらゆることのベースになるもの。
そこに原因があると、
いくら努力しても伸びるはずがないからです。
しつけ、早起き早寝という
生活習慣に関するアドバイスを
辰巳渚さん、神山潤さんにいただきました。

しつけ編

育ちのいい子の作り方

辰巳渚先生

たつみ・なぎさ　編集者を経てフリーのマーケティングプランナーとして独立。『「捨てる！」技術』（宝島社新書）が100万部のベストセラーに。著書に「『片づけなくてもいい！』技術」（宝島社）など。

あなたの「しつけ」は間違っていませんか？

「優秀なお子さんですね」と言われるのも嬉しいけれど、「育ちのいいお子さんですね」と言われるのは、親として一番嬉しいことです。

子どもが小さいときに必要な「しつけ」が、十分にできている自信がありますか？

それでは最初にあなたの「しつけ力」を診断してみましょう。

「しつけ力」テスト

1 子どもの門限を決めている
2 子どもが何かに熱中しているときは、できるだけ中断しない
3 子ども同士でケンカをしていてもなるべくほうっておく
4 子どもの友達の悪口を言わない
5 子どもの前で夫（妻）の悪口を言わない
6 夫（妻）が子どもを叱っているときは、自分の考えと違っていても口をはさまない
7 「先生が言ったから」ではなく、自分の意見として子どもに話す
8 子どもが独立するまで、無断外泊はさせない
9 「あなたは運動が苦手だから」など、子どもの欠点を決めつけない
10 よその子でも、悪いことをしたら叱る
11 よほどのことがない限り、子どもの携帯電話の内容は見ない
12 夫婦の間でも「ありがとう」「ごめんなさい」を言う

13 子どもの「小さな秘密」はそっとしておく
14 家の中でも、自分の髪型や服装などは身ぎれいにしている
15 子どもが「今日中にやる」と言ったことは
どんなに夜遅くなってもやらせる
16 子どもに家の手伝いをさせている
17 子どもと話すときは、きちんと目を見て話す
18 昔からある日本の年中行事は一緒に祝う
19 大人同士の話をしているときは、子どもに口をはさませない
20 電車の中では子どもはなるべく立たせておく
21 買い物をしているとき、奥の方から商品を取らない
22 子どもの前で学校の先生のことを批判しない
23 食事の最中にテレビを見せない
24 子どもが出したものは子どもに片付けさせる
25 子どもの前で、電車賃をごまかすなどのズルをしない
26 子どもが遊びに行くときは、行き先と帰宅時間を言わせる

27　子どもに大人の荷物を持つのを手伝わせる
28　親が学校に行くときは、きちんとした服装で行く
29　子どものしつけや教育のことを夫（妻）と話し合う
30　ときどきは「○○ちゃんのことが好きだよ」と言葉に出して伝える

あてはまる項目はいくつありましたか？

25個以上の人は「親上級」です。
自分の価値観に自信をもって子どもをしつけることができています。社会人としてのお手本を子どもに示すこともできる親です。

15～24個の人は「親中級」です。
ときには親としてどうしたらいいのか迷うことや、子どもに妥協してしまうことがあるようです。しつけ力は十分あるので、自信を持ちましょう。

8～14個の人は「親初級」です。

自分の判断に自信がなく、子どもの意見を尊重しすぎたり、その日によって態度を変えたりしていませんか？　子どもは親のそんな態度を見抜いています。

7個以下の人は「アマチュア親」です。

子どものしつけについての意識が薄いようです。親として、子どもに関心を持ち続けることが何より大切です。

自分のしつけに自信のない親が増えています

「これが、わが家のしつけの方針です」と胸を張って言える人は、おそらく少数派ではないでしょうか。多くの親は「何をどうしつけたらいいのかわからない」と自信がないものです。その結果、当たり前の生活のルールを知らない子どもが増えてきています。

実は、親が思っている以上に、親は子どもにとって大きな存在です。

親が意識していなくても「こういうときは、こうすればいいんだ、こう考えればいいんだ」と、子どもは親をお手本にして、人生の生き方を学びます。だからこそ、親は子どもが行動したり、判断するときの基盤になる「軸」を、身をもって示さなくてはいけません。

ところが、今の親は自分自身の軸がグラグラしていることが多いんですよね。その理由は、情報が氾濫しているうえに、昔に比べて個人の選択に任されていることが多いので、迷ってしまったり、正解を見つけようとしてためらってしまうからです。

しつけに、絶対的な正解はありません。

親が正しいと思うことを子どもの前で堂々と示すことこそが、しつけの基本なのです。

子どもに向き合うときの親の姿勢として、特に大切なことが5つあります。この基本ルールを心構えにすると、毎日のしつけの場面で迷うことがずっと少なくなるはずです。

1　キッパリした態度をとる

子どもが「どうして？」と聞いてくるとき、場合によっては「どうしてもダメなものはダメです」と切り捨てることがあってもいいのです。そうするのが当たり前のことを、いちいち子どもに理屈で説明する必要はありません。

2　子どもの相手をするときは、集中する

メールを打ちながら子どもの話を聞いたり、家事をしながら子どもにお説教をしないこと。一日のうち短い時間でもいいから、他の用事を一時中断させ、頭も手も休めて、子どものことだけに集中しましょう。

3　親が自分の意見をもつ

してはいけないこと、するのが当たり前のことを伝えるときに「先生が言ってたから」とか「お父さんに怒られるわよ」と人の意見にすり替えないこと。「お母さんはこう思う」などと自分の意見として伝えましょう。

4　お金を物差しにしない

「高いオモチャだから大切にしなさい」などと、お金のことを持ち出してしつけるのはやめましょう。高いから大切にして、安ければ乱暴に扱っていいというわけではありません。「物は大切にする」という本当の価値を伝えるべきです。

5　子どもの世界に干渉しすぎない

子ども同士のケンカは、危険がない限りはほうっておく、子どものちょっとした秘密はそっとしておく、子どもの友達についてあれこれ口出しはしないことが大切。子ども同士の世界を見守ってあげましょう。

叱るときはピシッとほめるときは感情豊かに

近ごろの親は子どもを叱らなくなったと言われます。その背景には「叱り方がわからない、ここで叱ってもいいの?」といった親の迷いがあるようです。

難しく考えることはありません。**親がこれはしてはいけないと思うこと、こうするのが当たり前だと思うことを言って聞かせればいいのです。**子どもを叱るとき、自分のことを棚にあげているなと思っても、気にすることはありません。

たとえば「食事中にひじをついているよ」と言われたら「口ごたえするんじゃありません」と毅然とした態度に出ること。

子どもは理不尽だと感じるかもしれませんが、世の中とはそういうものだと学べばいいのです。子どもの機嫌をとったり、妥協をしてはいけません。

一方、ほめるのは叱るより簡単にできると思います。**気をつけたいのが、口先だけでほめて顔は無表情だったり、ほめながらも採点しているような素振りを見せること。**見せかけだけでは子どもの心に届きません。「本当に感心したことを、心から感情を込めてほめる」のがコツです。

1　叱るときは必ず理屈を説明しなくてもいい

理屈で説明することは、一見、理性的なようですが、かえって子どもを混乱させる場合もあります。「やるべき」「してはいけない」と親が判断したことには、つべこべ言わせず従わせていいのです。それが、子どもが生きていくうえでの「軸」になります。なぜダメなのかとことん理屈をわからせようとすることはありません。親としてキッパリ判断しましょう。

2　夫（妻）が叱っているときは口を出さない

夫（妻）が子どもに言っていることに違和感があっても、その場ではぐっと我慢。口をはさむと、どちらの言っていることに従えばいいのか、子どもが迷うことになります。親の意見の食い違いは、子どもがいないところで話し合って決着をつけましょう。

3　ほめるときは本心からほめる

「ほめて伸ばす」と言っても、むやみやたらにほめればいいというわけではありません。本当に感心していないのに口先だけでほめても、子どもは嘘を見抜きます。心からほめることができないときは、無理にほめなくてもいいのです。逆に、どんな小さなことでも、本心からほめれば、表情と言葉が自然に豊かになり、伝わるものです。

家できちんとふるまわせることが社会に出る第一歩

家でできないことは、外でもできません。

家族は人間関係の始まり、家庭は社会の最小単位です。何かしてもらったら「ありがとう」と言う、お母さんが重い荷物を持っていたら手伝う、出した物はしまう……こうした日常的なことが、いちいち考えなくてもできるようになれば、社会に出てからも、当たり前のようにできるはずです。

それが「しつけが身につく」ということです。

でも、1~2回言ったくらいでは、しつけは身につきません。たとえば、片付け。親がやってしまったほうが早いときでも、手を出さないこと。やるまで何回も言う。子どもは親がどこまで本気なのかを見計らっていますから、途中で投げ出さずに、根気よく言い続けることです。

子どもは親を見ています。

親も家の中だからといって、だらしない格好をしない、寝転がってテレビを見ない、汚い言葉づかいをしないなど、家の中にも「公」の部分があることを自ら態度であらわしましょう。

家でのルール

1　ていねいに物を扱わせる

壊すからと安物やプラスチックばかりを使わせるのではなく、子どもにもふだんから質のいい物を使わせて、大事に扱うことを学ばせましょう。たまにうっかり壊しても叱らずに扱い方の悪い点を確認させてください。

2　あとの人のことを考えて使わせる

トイレや浴室を使ったら、振り返って汚れを点検する、洗面所に髪の毛が落ちていたら片付ける、トイレットペーパーが切れていたら次の人のために補充するなど、あとの人が気持ちよく使えることを考えさせましょう。

3　静かに動くことを教える

ドアはバタン！と閉めない、家の中は走りまわらない、椅子をガタガタ引かないなど、家の中では大きな音をたてたり、騒がしく動かないものだということを教えます。親も自分の動作をチェックしてみましょう。

4　あいさつをさせる

「家族だから、いちいちあいさつしなくてもいい」というのは間違い。家の中でのあいさつが習慣になっていてこそ、外でも自然にできるのです。親子、夫婦の間でも「おはようございます」「ありがとう」がルール。

どうしたら人が気持ちよく過ごせるかを考えさせる

家の外でのしつけと言っても、何も特別なことではありません。家族が気持ちよく過ごすためのルールを、家の外に当てはめればいいのです。

家族だろうが、他人だろうが、人間同士が一緒にいて気持ちいいとか、居心地が悪いとか感じることに、それほど大きな違いはありません。**「自分がしてほしいことをする、されたらイヤなことはしない」**のが基本。昔からよく言われていることなのに、なぜか、今の子どもはできないようです。

その理由は「気づく力」がないからです。

たとえば、前の人が自分のためにドアを押さえてくれたら、嬉しいと感じる。だから、人にもそうした方がいいということは、説明すれば子どもにもわかります。でも、それが実行できないのは、気がつかないからです。

ゲームやケータイが日常的になっている今の子どもたちは、意識を自分の感心ごとにだけ集中させ、外に向けるのが苦手。そういう子どもは、気づくことのトレーニングをする必要があります。そのトレーニングのコーチは、やはり親。日ごろから、子どもがまわりのことにも注意を払うよう、そのつど言って聞かせることができるのは、親しかいないのです。

家の外でのしつけのポイント

1　子どもの前で親がズルをしない

小柄な子どもだからと電車賃をごまかしたり、車が通っていないからと赤信号で渡ったりしないこと。少しくらいのズルはしてもいいという認識を子どもがもってしまいます。

2　自分が積極的にあいさつしているところを見せる

自分が実践していなければ、子どもに対して説得力はゼロ。いつも行くお店の人や近所の人に会ったら、気持ちよくあいさつをする姿を見せ、子どものお手本になりましょう。

3　買い物のルールを伝える

たとえば、野菜売り場で商品をあれこれさわらない、商品の山を崩さないなど、自分さえよければいいのではなく、他の人のことも考えて買い物をするというルールを教えます。

早起き早寝編

潜在能力を100%引き出す方法

神山潤先生

こうやま・じゅん　東京ベイ・浦安市川医療センターセンター長。小児神経科医。子どもの睡眠に関する社会的啓蒙活動を展開。主な著書に、『子どもの睡眠』（芽ばえ社）、『眠りを奪われた子どもたち』（岩波ブックレット）など。

世界一睡眠時間の短い日本の子どもたち

P&G社が欧州各国と日本で行った調査（欧州では2004年3～4月に0～36カ月の子を、日本では同年12月に0～48カ月の子を対象に調査）によれば、他国では夜10時以降に就寝する乳幼児が3割に満たないのに対して、日本では半数近い子が10時以降に就寝しています。

また、アメリカ・中国での小学校4年生を対象にした就寝時間の調査（2005年米国小児科学会雑誌掲載の報告より）と、日本での3～4年生での調査（1996年「児童生徒健康状態サーベイランス／財団法人日本学校保健会」より）を見比べると、**日本の小学生は中国より42分、アメリカと比べると1時間以上も就寝時間が遅い**ことがわかりました。そのうえ様々な調査結果から、年々夜型傾向が強まっていることも判明しています。

日本の子どもたちは、世界でも突出した深夜型。

夜10時以降のコンビニやファミレスで、小学生の姿を見かけるのも、今や珍しい光景ではありません。でも夜ふかしをしていると、子どもたちに深刻なトラブルが起きる恐れもあるのです。

夜ふかし＝睡眠不足は朝寝坊でも補えない

夜ふかしは様々な問題を起こす恐れがありますが、ひとつには睡眠時間が短くなることがあげられます。登校時間が決まっている小学生なら、夜ふかしで睡眠時間が減ることは明白。さらに、まだ登校していない幼児を対象にした東京都足立区の調査では、夜9時に寝る早寝群と夜10時以降に寝る遅寝群との1日の睡眠時間を比較したところ、遅寝群の方が最大1時間以上短いという結果が得られました（2003、04年の調査。対象年齢は1～3歳）。つまり、朝寝坊していい状態でも、夜ふかしすると睡眠時間は減るということです。

夜ふかしのもうひとつの大きな問題点は、慢性的な時差ぼけ状態が起きること。学校でも勉強に集中できず、だるくて日中の活動が苦手になったり、時に体調不良を訴えたりすることも。日中の活動が減るため、ますます早寝できず、悪循環に陥ってしまいます。

夜ふかし＝寝不足が原因で子どもたちに以下のような悪影響が出る恐れがあります。

1 糖代謝を低下させ糖尿病のリスクを高める

健康な成人男性を対象に、睡眠と血糖値に関する実験が1999年にシカゴ大学で行なわれました。睡眠時間4時間と12時間とで血中の糖を分解するインスリンの分泌量を比べると、4時間のほうが量が少なく、両者の間では若年成人と老人ほどの差があったと報告されています。インスリンが少ないと糖の代謝が低下、つまり血糖値が上昇して糖尿病になりやすいのです。

2　睡眠時間が短いほど学力が低下する

広島県教育委員会による調査（「小学5年生基礎基本調査」、2003年）で、9時間、8時間、7時間、6時間、5時間、5時間以下と、睡眠時間の異なる小学生の成績を調べたところ、ほぼ睡眠時間の長さに比例してテストの点数がよかったという結果があります。睡眠不足による慢性的な時差ぼけをはじめ理由はいくつか考えられますが、睡眠不足が学力を下げることは間違いないようです。

3　ホルモン分泌に影響を与え肥満になりやすい

富山医科薬科大学・関根道和先生のグループが6〜7歳児の肥満につい

て調査したところ、睡眠が10時間以上の子に比べ、10～9時間の子で1・49倍、9～8時間の子では2・87倍肥満のリスクが高くなることが明らかになりました。睡眠が減ると食欲を増進させるグレリンが増えるから、など理由はいくつか予想されますが、いずれにしろ睡眠不足がホルモンに影響を与えた結果だと考えられます。

4　メラトニン分泌の抑制で老化がすすむ恐れが

通常、夜暗くなると分泌されるメラトニンには酸素の毒性から細胞を守る作用がある、とする研究があります。まだ十分に実証されていませんが、メラトニン分泌が抑制される→酸素の毒から細胞が十分に守れない→老化がすすむ、となるそうです。また、1999年にシカゴ大学で行なわれた睡眠と血液の関係を調べた実験でも、睡眠不足が続くと老化が促進されるとの結論が出されています。

5　セロトニンの働きが落ちて情緒不安定になる恐れが

分泌が低下するとイライラ感を生む、セロトニンという神経伝達物質があります。夜ふかし朝寝坊の習慣で元気も出ず、リズミカルな筋肉運動ができないと、このセロトニンの働きが低下するのです。ですから夜ふかし朝寝坊の習慣があると、情緒不安定やいわゆる〝キレやすい子〟になる恐れも。都立教育研究所が行なった小学4年生から中学3年生までの2300人を対象にした調査では、イライラ感の強い子の半数が深夜0時以降に就寝し、朝食をとらずに学校に行くことが明らかにされています。

6　交感神経の働きが過度になり高血圧になる恐れが

体内環境を整える自律神経には、起きているときに活発になる交感神経と、寝ている、あるいは、リラックスしているときに活発になる副交感神経があります。前述のシカゴ大学の実験では、睡眠時間の短いほうで、交感神経の働きが過度になったという報告がありました。交感神経は、血管を収縮させたり心臓の拍動を増加させる働きがあるため、睡眠不足と高血圧の関連性が考えられるのです。

朝の光で遅れがちな生体時計をリセットして

早起き早寝の生活に改善するには、どうしたらいいのでしょう？

いくつかのポイントがありますが、とくに**重要なのは朝の光を浴びること、そして日中たっぷり運動すること**です。

人には生体時計がありますが、じつはこの時計、大多数の人は24時間ではなく25時間周期だということをご存知でしょうか。

ほうっておくと、毎日1時間ずつ寝起きの時間が遅くなるのです。ところが朝日を浴びると、生体時計を司る視交叉上核（目と目の間の奥にある、視床下部の一部）が24時間周期にリセットし、早起きしやすくなるのです。

さらに、コルチコステロイドというホルモンの働きを利用するのも試す価値がありそうです。コルチコステロイドは、様々なストレスに対抗するためのホルモンで、朝目覚めるときのストレスを軽減すると考えられています。このホルモン、「寝る前に朝6時に起こすと言っておいて、実際6

時に起こす」と、起床の数時間前から分泌を開始するのです（正確にはホルモン分泌を促す物質が増えます）。つまり、寝る前に心構えをさせておくと、気持ちよく早起きができることが予想されるわけです。

次に日中の運動について。こちらはだれしも経験があると思いますが、昼間にスポーツで汗びっしょりになると、夜はぐっすり眠れますよね。そのことを題材にして千葉県と東京都の幼児を対象に行なった実験があります。簡単にいえば早起き早寝の千葉県の子と、夜ふかし朝寝坊の東京都の子との活動量を計測器ではかったところ、千葉県の子（早起き早寝）のほうが断然活動していた、というものです。まさしく〝**運動量の多い子は早く寝る**〟を実証した実験結果だといえるのではないでしょうか。

心豊かな生活は「早く起こす」ことから

朝の光と日中の運動は、もう一つ大きなメリットをもたらします。それは、セロトニンという脳の神経伝達物質の量を増やすことです。その量が減るとイライラ感を生むと前述しましたが、このセロトニンは心のありように大きく関わるもの。**夜ふかし朝寝坊の生活のままでは、低セロトニン状態が続いてイラつき、粗暴な子になる恐れも**あります。

子どもが心豊かな生活を送るためにも、早起き早寝を実施したいものです。でも実際に早起き早寝習慣を身につけさせるには、親の生活態度まで見直さなければならないことが多く、予想以上の苦労が伴います。

それでもやらねば、という親御さんに、ひとつアドバイスを。

朝の光を浴び、日中に運動をして決まった時間に食事する。そんなふうにしても子どもの生活リズムが変わらないときは？

答えは**「早朝に叩き起こすことから始める」**のです。無理に寝かしつけることはできないので、どんなに子どもが不機嫌になろうと、まず早朝に起こすことが肝心。それで夜ふかし朝寝坊の悪い流れを断ち切るのです。

最後に子どもの潜在能力を１００％引き出すキーワード「昼のセロトニン・夜のメラトニン」を高める８カ条をまとめておきます。

子どものポテンシャルを引き出すキーワード

昼のセロトニン・夜のメラトニンを高める8カ条

1 毎朝しっかり朝日を浴びて

生体時計を地球の周期に合わせ、生活リズムの基礎を作るのは朝の光です。心のありように大きく作用するセロトニンの活性も高めます。

2 ご飯はしっかりよく噛んで。特に朝はきちんと食べて

食べ物をリズミカルにかむ筋肉運動は、セロトニン活性を高めます。

3 昼間はたっぷり運動を

日中にしっかり活動することで夜はぐっすり。セロトニン活性の効果や、昼の受光で夜のメラトニン分泌を促す可能性も期待できます。

4 夜ふかしになるなら、お昼寝は早めに切り上げて

主に低年齢の子が対象になると思われますが、あまり昼寝を遅くまでしていると、夜の就寝時間にもひびくので注意したいもの。

5 テレビ・ビデオはけじめをつけて、時間を決めて

テレビやビデオが長時間ついている家庭ほど、子どもの就寝時間が遅いというデータがあります。寝る直前の視聴も避けましょう。

6 寝るまでの入眠儀式を大切にして

入眠儀式を習慣づけると、寝やすくなるもの。寝る前に本を読んであげるなど、いろんな方法があるので、その子に合ったものを見つけて。

7 暗いお部屋でゆっくりおやすみ

夜の光はメラトニンの分泌を抑制し、生体時計も遅らせます。照明は暗くして、テレビも音量を絞ってできるだけ眠りやすい環境作りを。

8 悪循環(夜ふかし→朝寝坊→慢性の時差ぼけ→眠れない)を断ち切る

深夜まで起きる習慣のある子を、今日から夜8時に寝かせるのは無理。まずは朝にしっかりと起こすことから始めてみましょう。

3時間目

できる子になるための家庭学習マニュアル

家庭学習は
本当に大切なの？

小学校高学年や中学生になって
成績がいい子の家庭をのぞいてみると、
親が「勉強しなさい」と言っていないケースが
ほとんど。
では、どうして成績がいいの？
それは10歳までに「勉強習慣」を身につけたから。
将来、勉強嫌いにならないためにも
「10歳までの基礎作り」は大切。
それを作るのが10歳までの家庭学習なのです。
勉強の習慣を身につける方法、
そして具体的な家庭学習方法を
中畑千弘さん、石田淳さん、高濱正伸さん、
芦永奈雄さん、吉本笑子さん、清田直美さん、
四十万靖さんにお伺いしました。

勉強習慣の作り方編1

できる子のお母さんは、〝勉強しなさい〟とは言いません

中畑千弘先生

なかはた・ちひろ　富士銀行、富士総合研究所を経てメディア・マーケティング・ネットワーク設立。子どもの学習行動、生活行動、メディア接触などの調査研究に携わる。主な著書に『できる子が育つ黄金の時間割』(ダイヤモンド社)など。

12年間、5万人以上の「勉強ができる子の学習行動パターン」を調査してきたところ、勉強ができる、できない子の差は10歳までの生活習慣にある、という結論にいたりました。

勉強ができる子のお母さんたちにインタビューすると「勉強しなさい」と言わない方が多いことが分かりました。

子どもたちにインタビューしても、決して勉強が好きで毎日勉強しているわけではありません。お母さんは強制しない、子どもは勉強が好きなわけではない。それなのに勉強ができる。理由は、10歳までに机に向かって

5分でも10分でも何かをするという習慣が身に付いていたからでした。

人間は怠惰な生き物です。毎日コツコツやることがとても苦手です。ほうっておくと、いつもラクなほうを選んでしまいます。

それは、生まれたばかりの赤ちゃんも同じです。そのお手本となるのが、お父さんであり、お母さんです。ダラダラとした生活をしていると、子どももそれがラクですから真似をします。

机の前に座って勉強することは、子どもにとってはやはり苦痛です。それをやわらげてくれるのが、習慣化。トレーニングと言ってもいいかもしれませんが、0歳から始められることでもあります。

習慣化するまでは、お母さんも一緒に頑張りましょう

トレーニングは、決められた時間に起きて、寝て、ごはんを食べるという規則正しい生活を送ることから始まります。それができるようになると、ある時間になると、何かをするということを繰り返します。最初は1分でも、2分でもいい。難しいことをやらせる必要はありません。積み木でも

塗り絵でも、子どもが楽しくできることなら何でもいいです。それから徐々に勉強の要素を取り入れていく。**ポイントは、お母さんがそばにいることです。**

習慣化するまでは、一緒にテーブルにつきましょう。それまでは居間で十分です。私は中学校に入るまでは子ども部屋は必要ないと思っています。1日1回テーブルに座る。そして好きなことをする。お母さんが勉強道具を手にしたら、テーブルに座る。子どもが反射的に、そういった行動をとるようになったら完璧です。

机に座って何かをするということが、習慣化されると、あとは時間を少しずつ延ばすだけ。といっても、小学校低学年の宿題レベルなら30分あれば十分です。そのためにはお母さんの努力が必要です。

小学校低学年までは、お母さんのマネジメント次第。どれだけお母さんが頑張れるか。子どもは、お母さんの生活をよく見ていることを忘れないでください。

できる子の時間割

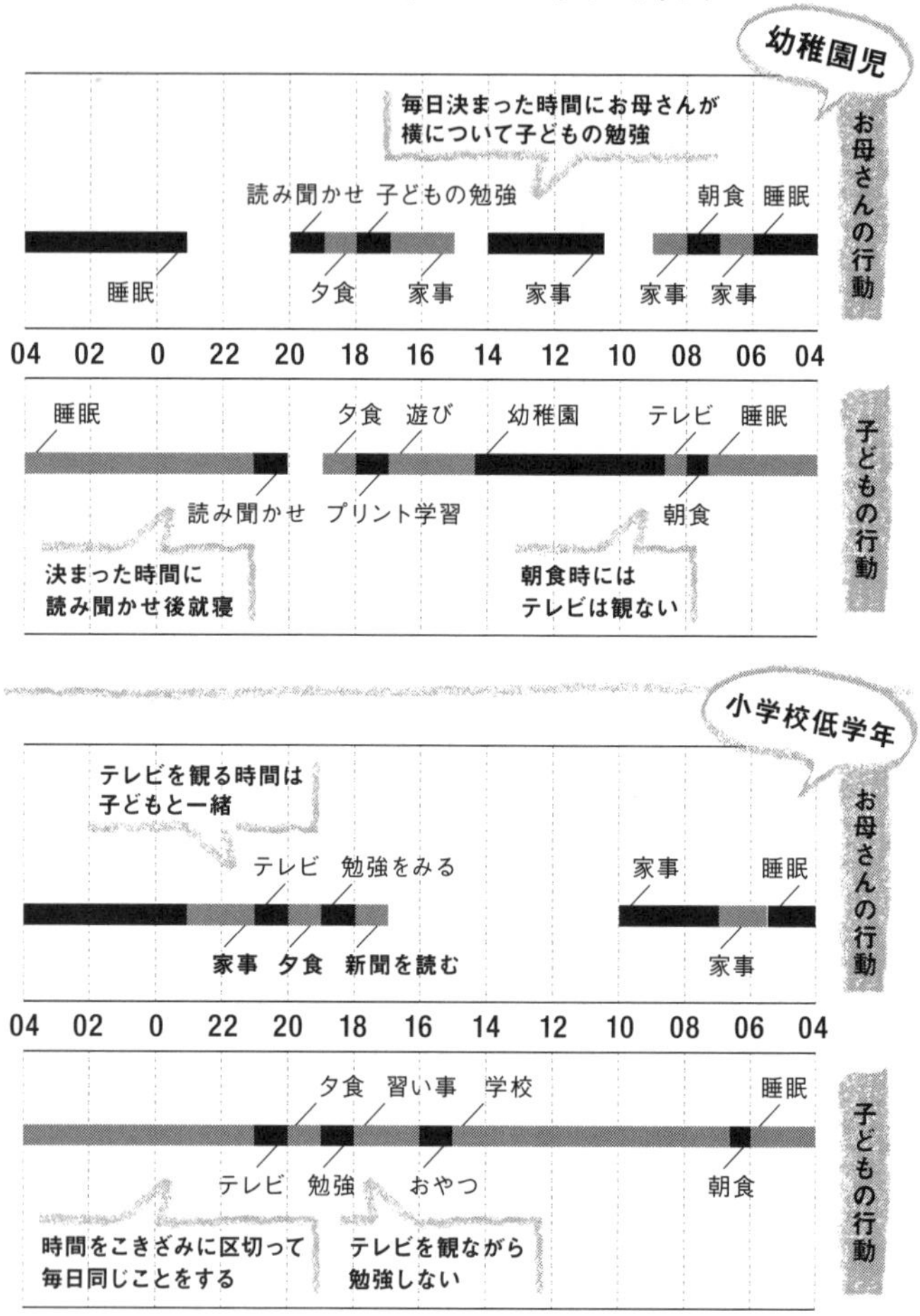
幼稚園児
お母さんの行動
毎日決まった時間にお母さんが横について子どもの勉強
読み聞かせ 子どもの勉強
朝食 睡眠
睡眠
夕食 家事
家事
家事 家事
04 02 0 22 20 18 16 14 12 10 08 06 04
子どもの行動
睡眠
夕食 遊び
幼稚園
テレビ 睡眠
読み聞かせ プリント学習
朝食
決まった時間に読み聞かせ後就寝
朝食時にはテレビは観ない
小学校低学年
お母さんの行動
テレビを観る時間は子どもと一緒
テレビ 勉強をみる
家事 睡眠
家事 夕食 新聞を読む
家事
04 02 0 22 20 18 16 14 12 10 08 06 04
子どもの行動
夕食 習い事 学校
睡眠
テレビ 勉強 おやつ
朝食
時間をこきざみに区切って毎日同じことをする
テレビを観ながら勉強しない

勉強習慣の作り方編2
「ちゃんと」「きちんと」を具体的に

石田淳先生

いしだ・じゅん　行動科学マネジメント研究所所長。株式会社ウィルPMインターナショナル代表取締役社長兼CEO。日本の行動科学（分析）の第一人者である。著書に『おかあさん☆おとうさんのための行動科学』（フォレスト出版）など。

勉強するとほめられる。それがわかれば子どもはどんどん勉強が好きになります

ママやパパが子どもに対して、つい言ってしまうことがあります。「ちゃんと勉強しなさい」「きちんと挨拶しなさい」。これでは子どもは行動できません。

勉強する、挨拶するというのはわかります。でも、**〝ちゃんと〟〝きちんと〟と言われても、どうしていいのかわからない。**

こういう言葉は行動とは言えません。大事なのは、子どもにどんな行動をして欲しいのか具体的に言うことです。たとえば、「30分間、勉強しましょう」「ドリルの○~○ページまで解いてみましょう」。これで十分です。やり方さえわかれば、子どもは勉強します。

さらに、子どもが勉強しやすいようにヘルプすることです。

勉強の邪魔をするマンガやゲームを遠ざけましょう。

禁止にすることはありません。楽しいものがまったくない状態はストレスを生み出すだけだからです。勉強はすぐに結果が出ませんが、マンガやゲームは楽しめるという結果がすぐに出ます。そこで、マンガやゲームには行動のハードルを高くします。マンガはリビングの本棚に読む度にしまう、ゲームも終わる度に箱にしまうなど、楽しむまでに少し面倒なことを加えることで勉強しやすい環境になっていきます。

環境を整えたところでアドバイスがあります。それは勉強に対してはどんなに小さなことでもほめることです。

30分勉強する度に、1ページのドリルを解く度に、**「よくできたね」とほめることで、子どもは喜びます。**そして、なぜほめられたのかがわかります。〝勉強すればママがほめてくれる〟とわかれば、子どもはどんどん勉強が楽しくなっていくはずです。

それから**子どもがもっと勉強が好きになるように、〝ご褒美〟を用意しておきましょう。**

たとえば、ポイント制にする。

1日30分勉強したらポイント1個。ポイントが10個になったら、好きなお菓子が2個買える。子どもにもママにも目に見える形で、勉強する度にシートに可愛いシールを1枚ずつ貼るのもいいでしょう。パパも帰宅後にそのシート見ながら「よくできたね」と子どもをほめれば、子どもの喜びが倍になるのは言うまでもありません。

ご褒美がいつも一緒では子どももママも楽しさが半減してきますから、様々なバリエーションを考えておきましょう。お菓子だけでなく、ゲームの時間を10分延長、苦手な科目のドリルを解いたらポイント2倍というのもいいと思います。

といってもいつまでもご褒美が必要なわけではありません。行動は継続する方法がわかれば、習慣になります。この場合は、勉強するとほめられる、ご褒美があるというのが継続する方法です。３ヶ月も経てば、勉強は習慣になっていますからご褒美に関係なく勉強を楽しんでいる子どもを見ることができるでしょう。

ただし、〝勉強した〟という行動をほめることは忘れないように続けます。

子どもの喜びは、ご褒美よりも、やはり親にほめられること。それさえあれば、どんどん勉強して結果が出て、あっという間に勉強することが好きになっていることでしょう。

勉強習慣を作る法則

1　子どもが勉強したくなる環境を作る

テレビやゲームなど、簡単に楽しめることは子どもの勉強を邪魔します。それを面倒な楽しみにする。テレビをリビングだけに置いたり、ゲームを箱にしまったり。勉強に向かいやすい環境を作りましょう。

2「ちゃんと勉強しなさい」はNG

具体的に何をすればいいのかがわかると子どもは行動します。つまり、「ちゃんと勉強しなさい」ではなく「30分間、勉強しなさい」と、何を、どうすればいいのかをはっきり言うことで子どもは行動できるようになります。

3　ご褒美が習慣を作る

「30分勉強したら、スタンプを1個。10個溜まったらゲームの時間を10分延長」。そんなご褒美を用意しましょう。3ヶ月続ければ、勉強が習慣になってご褒美がなくても机に向かっていきます。

4　怒ったり、否定する必要はない

間違った行動を注意する「○○しちゃダメ」は有効ですが、「ダメねえ」「どうしようもない」と人間性を否定したり、感情で怒ったりするのは効果的ではありません。そんな言葉は、行動する気力を子どもから奪うだけです。

5　小さなゴールを積み重ねる

大きなゴール（中学受験合格等）は、小さなゴールの積み重ねから生まれます。ドリルを1ページこなしただけでも「よくやったね」と声をかけて、子どもに勉強する喜びをたくさん与えましょう。

6　ほめ言葉は「よくできたね」「ありがとう」

ほめ言葉は、年齢が上がるに従って変わります。最初は「よくできたね」「よくやったね」というほめ言葉で十分ですが、ほめる行動によっては徐々に「ありがとう」というほめ言葉も使いましょう。

7 結果ではなく、プロセスを評価する

勉強の結果はすぐに出るものではありません。ですから、結果は二の次。まず評価すべきは、子どもが「勉強した」という行動です。「よくやったね。これからもっとよくなるよ」。その評価が必ず勉強の結果を生み出します。

「算数脳」の育て方編

「見える力」がある子どもにしよう

高濱正伸先生

たかはま・まさのぶ　小学校低学年向けの学習教室「花まる学習会」代表。算数オリンピック委員会理事。ボランティアとして、いじめ・不登校・家庭内暴力などにも取り組んでいる。著書に『小3までに育てたい算数脳』(健康ジャーナル社)など。

「見えない部分が見える力」と、「最後までやり遂げる力」

難しい問題にぶつかると、真っ白な答案用紙を前に考え込んでしまう。「これって、掛け算なの? 足し算なの?」とすぐに聞いてくる。「子どものこんな行動は危険信号」。自分で手を動かしながら試行錯誤することができなかったり、すぐに答えを出そうとしたがるのは、思考能力が育っていない証拠です。

「算数脳」とは、目に見えない部分もイメージすることができる「見える

力」と、その力を活かして解答にたどりつくための「詰める力」のことです。

これらの力は、算数だけでなくすべての教科に必要なものです。もし算数脳がないと、いくら頑張っても成績が伸びず、勉強がどんどん辛いものになってしまいます。

算数脳は、「100ます計算」などの計算練習をいくらこなしても、身につくものではありません。生活習慣や遊びの中で、幼いときから自然に培われていくものなのです。しかも、あとからこの力を伸ばすのは難しく、**小学3〜4年生までが勝負。**

あなたのお子さんには、黄色信号が出ていませんか？

算数脳を作る2つの力

算数脳は「見える力」と「詰める力」です。「見える力」とは、目に見える形で表現されていない部分や、隅の隅までを思考で補って見渡すことのできる力です。さらに細かく解説すると次の4つの力になります。

1　試行錯誤力

考えると同時に、手も動かす習慣のある子、図を描きながら考えるような子には、試行錯誤力が育っているといえます。逆に、わからない問題を前にすると固まってしまい、まったく手が動かずに白紙のまま、という子は要注意。

2　図形センス

図形問題を解くときに、その図形が自然に浮き立って見え、必要な補助線①がパッと見える力のことです。一方、図形センスの足りない子には、隠れている線や形が見えず、実際に描いて見せてあげないと理解することができません。

3　発見力

いわゆる「思いついちゃう」力のこと。既成の枠から外れた考え方ができる、習っていないことでも自分なりに考えようとする子どもには、発見

補助線と断面図

「補助線」とは

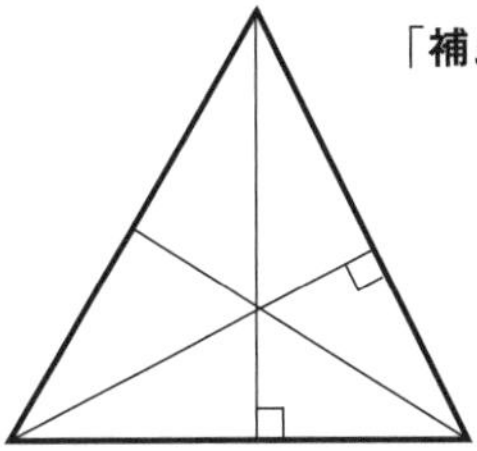

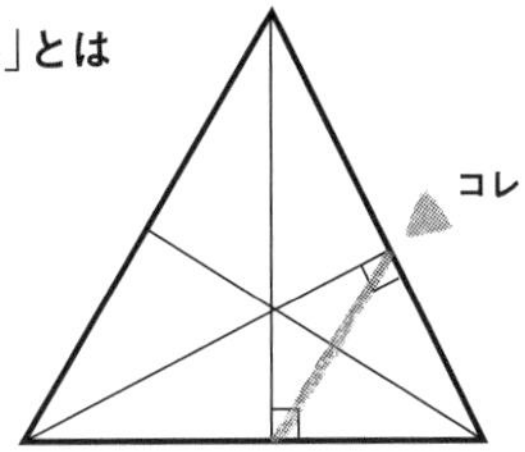

幾何学の問題を解くとき、
問題解決の手がかりにするために、
問題図に自分で描き加える線または円のこと。

「断面図」とは

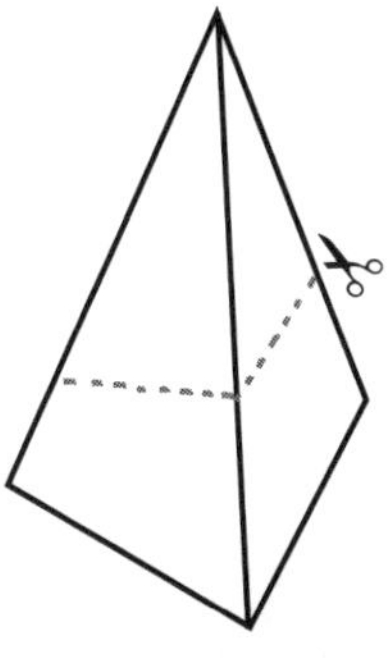

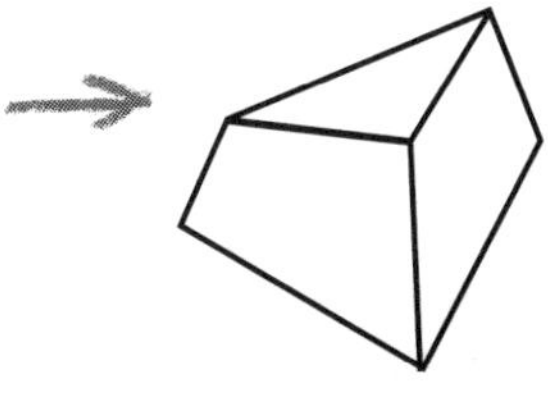

建物や物品などの立体を
ひとつの平面で切ったと仮定して、
その断面を表した図。

力があります。ひたすら計算練習を繰り返しているだけでは、この力はつきません。

4　空間認識力

紙に描かれた立体を見て、実際に立体像を頭の中にイメージすることができる力です。この能力を持たずに成長してしまった子どもは、文章をもとに立体の見取り図を描いたり、正確な投影図や断面図②を描くことができません。

「見える力」を活かすには、「最後までやり遂げるための力」が必要。論理が破綻したり矛盾したりすることなく、追い詰めていく力です。それが「詰める力」です。これも4つの力になります。

1　精読力

「一字一句を絶対に読み落とさないぞ」という集中力です。おもに幼児期に、何かに集中して遊ぶことによって育ちます。音読をさせてみて、読み落としや読み違いをする子は、精読力が足りないと言えます。読書好きかどうかは関係ありません。

2 論理性

算数ではとくに、「筋の通った考え方」ができることが大切。論理の筋が一箇所でも破綻すると、正解にたどりつけません。小さいころから論理の破綻した会話に慣れてしまうと、修復するのが困難。家庭での会話は重要です。

3 意志の力・執念

答えを教えてあげようとしても、「言わないで！」と、自分で解こうとする。わからないことは、完全に納得するまでとことん食い下がる。悔し泣きをするくらいの負けず嫌い。こんな子なら、どんな難題も乗り越えられるはずです。

4　要約力

要約力とは、すなわち「相手が言いたいことは何なのかわかる能力」。問題を解くためには出題者の狙いが何なのか知る必要があるので、国語だけでなく算数にも必要です。相手の言葉を集中して聞く習慣をつけることで鍛えられます。

勉強が好きになるだけでなく、人生を豊かにします

算数脳は、決して勉強や受験のためだけに必要なものではありません。

「筋が通った考え方ができる」というのは、業種によらず、社会に出てから最も必要になる能力です。逆に子どもの頃に算数脳が育っていない子は、大人になってからも、人生のさまざまな場面で壁にぶつかることが多いはずです。

また、算数脳に必要な「最後までやり遂げる力」や「相手の意図をくみ取ることができる能力」は、社会的に成功するためだけでなく、幸せな家庭を築くためにも必要なものです。

つまり、算数脳は単に算数の学力ということではなく「考える力」、ひいては「生きる力」につながると言えます。子どもの人生を幸福で豊かなものにしたいと願うなら、小さいうちに算数脳をできるだけ伸ばしてやることが必要なのです。算数脳がある、ないでは、大人になってから次のような差が生まれてきます。

1　応用力があり、トラブルに巻き込まれにくい

たとえば「振り込めサギ」からの電話がかかってきたとき、「これはテレビで言ってたのと同じ手口じゃないかな」というふうに、危険を感知するアンテナが働きます。算数脳がないまま育った人は、危険に関する感性が鈍く、表面的なことを鵜呑みにしてしまうため、トラブルに遭いやすい傾向があります。

2　論理性があり、説明がうまい

論理立てて内容を説明することができるので、会議などの場で説得力のあるプレゼンテーションをすることができます。ディスカッションでも、相手の言わんとする内容を正確に把握し、的確な受け答えをすることができます。逆に算数脳がないと、自分だけがわかっていて相手に伝わらない説明になりがちです。

3　失敗の原因を分析し、次に活かすことができる

うまくいかないときは「なぜ、うまくいかないんだろう？」と原因を分析し考えることができるので、何度も同じ失敗を繰り返すことがありません。一方、嫌なことがあっても行動を起こそうとせず、愚痴ばかり言っている……算数脳がない人には、こういう人が多いのです。

4　コミュニケーション力があり、よい人間関係を保てる

「相手が言いたいことがわかる能力」があるので、コミュニケーションがうまくいきます。「あの人が怒ったのは、これが原因だな」などと論理的に考えることができ、人間関係がスムーズです。夫婦関係・家族関係を円

満にするためにも、欠かせない能力です。

むりやり「勉強」させるより、「遊び尽くす」ことが算数脳を育てる

子どもの能力を伸ばすために最も効果的なのは、「意欲的な状態で取り組ませる」ことです。したがって、算数脳を育てるには何といっても「遊び」が効果的です。中でも一番いいのは、自然の中で五感すべてを使って行なう「外遊び」です。

外遊びには、子どもに必要なものすべてが詰まっています。イメージ力を伸ばすことができるし、危険を察知する能力も育つ。へとへとになるまで遊びつくした経験こそが、知力、精神力、体力の土台となるのです。

また、家庭の中での「お手伝い」も、知能を育成するために効果的です。継続してやらせるうちに、工夫したり、スキルが洗練されてくるはずです。その際、やらせる以上は、ちょっとの病気くらいでは休ませないという厳しさ、一貫性も大切です。

算数脳を潰すのは

親のこんなNGキーワード

何気なく言っている言葉が、
知らず知らずのうちに子どもの能力を
潰してしまっているかもしれません。
次の中に、思い当たる言葉はありませんか?

○○ちゃんはできるのに、なんでできないの?

ほかの兄弟や、友達と比較してしまうと、子どもは自分を「負け組」と意識してしまい、すべてにやる気をなくしてしまいます。実は親の側の自信のなさから、出てくる言葉です。

しょうがないなあ…今日だけだよ

これは最悪のNGワード。一度でも根負けすると、子どもは何度も同じような理由を持ち出して、結局ダラダラになってしまいます。親は、毅然とした態度を示すことが大切。

○○になっても知らないよ!

何があってもわが子を見放さないのが親。「知らない」と突き放すようなことを言うのはNG。こんな言葉で、子どもが反省したり、やる気を出すことはありえません。

そんな意味のない遊びやめなさい!

大人から見るとくだらないことでも、子どもが夢中になっていることをバカにしたり、やめさせてはいけません。マニアックさは、理系に必要な綿密さにつながることがあります。

うちの子、算数がダメなのよ…

親同士の立ち話で、謙遜のつもりでつい言ってしまうこんな言葉。子どもに、「そうか、僕はダメなんだ」という思い込みを植え付けてしまう、「呪いの言葉」と言えます。

宿題をやらないと、お父さんに怒られるよ!

人のせいにせず、「私が怒っている」ときっぱり言わなければ、子どもには通じません。自分が責任から逃れようとしているのを、子どもは確実に見抜いています。

バカじゃないの?

もし問題が解けなかったりしても、こんなことを言っては絶対にいけません。子どもには、「勉強って、楽しいこと」と思わせることこそ大切。こんな言葉を一度でも言われると、子どもは一生、勉強好きになれなくなってしまいます。

遊びながら、お手伝いしながら算数脳を伸ばそう

算数脳を伸ばすには、外遊びが一番ですが、ほかにも生活の中で算数脳を伸ばせる方法がたくさんあります。小学生でも簡単にできるゲームやお手伝いでも算数脳は伸ばせます。ゲームは、子どものイメージ力や論理性を育てるのに役立ちます。道具はせいぜい紙や鉛筆、身の回りにあるようなもので十分です。

1　整数の感性で育てる「車両の数あてゲーム」

「物を数える」という習慣は、素朴だけれど整数の感性を育てるのに大切なことです。ホームで電車を待っているときや、電車に乗っているときなど、「次に通る電車が、何両あるか当てっこしてみよう！」と誘ってみましょう。

2　暗記力・数のセンスがＵＰ『ランプ消しゲーム』

まず、１から10まで番号のついた10個のランプが点灯しているのを、頭の中に思い浮かべます。親がひとつずつ数字を言い、子どもは頭の中のランプを消していきます。最後に、「ひとつだけ残ったランプは何番？」と聞いて、答えられれば子どもの勝ち！　慣れたら15個、20個と増やしていきましょう。

3　数え上げ体験を積むのに最適『人数分けゲーム』

お菓子や果物がたくさんあるときにやってみましょう。家族の人数を数えて、ひとり何個ずつ分ければいいか考えさせます。こういった数え上げ体験は、何度も重ねるうちに、見ただけでパッと答えが出せるようになっていきます。

4　空間認識力を伸ばす『形あてゲーム』

茶筒や帽子、箱など、見る方向によって違う形になるものを選んで子どもに見せ、別の方向から見るとどんな形に見えるか、考えさせます。答えは紙に形を描かせるようにすると、より効果的。

5　論理性を伸ばす「囲碁・将棋・オセロ」

既成のゲームでも、囲碁や将棋、オセロなどは、子どもの論理性や数のセンスを伸ばすのに役立ちます。それも、パソコンで対戦するのではなく、親や友達と向かい合うことでさらに効果があります。

最近では幼児期から、英会話や右脳教室などさまざまな勉強をさせる家庭も多いようですが、あまり親が必死になると、子どもが勉強嫌いになってしまう可能性があります。**幼児期にしか伸ばすことのできない思考力やイメージ力の基礎は、日常の遊びの中でこそ築かれるものです。**ここで紹介したゲームも、くれぐれも、「さあ、お勉強よ」と言って始めるのではなく、遊びとして自然に楽しめるように工夫してください。

お手伝いでも算数脳は伸ばせます。子どもにお手伝いをさせることで、子ども自身の能力も伸びていくなら、まさに親にとっては一石二鳥。小学校低学年の子どもにもおすすめのお手伝いを、いくつか紹介します。

1 「見える力」全般が身につく『りんごの皮むき』

ただ皮をむかせるのではなく、できるだけ皮を薄く、長くむけるように練習させてみましょう。刃物を持つときの力の入れ加減を学ぶことで、手先を器用にしながら、「見える力」全般が身につきます。

2 〝効率のよさ〟を考えさせる『風呂掃除』

「どうすれば効率よくきれいにできるか」を考えることで、算数脳が鍛えられます。その試行錯誤こそが重要なので、毎日やらせることがポイントです。

3 スペース感覚が身につく『ふとんたたみ』

押入れの奥行きや幅に合うように、ふとんをたためるかどうか、ゲーム感覚でチャレンジさせてみましょう。たたみ方が悪いと押入れに収まらなかったりして、試行錯誤するうちにスペース感覚が身についていきます。

4　断面図のイメージ力が育つ「とうふを切る」

立体を切ったとき、断面図がどうなるのかを知るためには、実際に切ってみるのが一番。とうふやようかんなどを切るとき、子どもに任せてみましょう。いつもまっすぐではなく、いろいろな角度で切ってみることで、さらにイメージ力が育ちます。

お手伝いをさせるときに一番大切なのは、「継続させること」。

子どもが「やりたくない」と言ったときに、「じゃあ、明日はやるのよ」などと根負けしてしまうのはよくありません。「あなたが風呂掃除をしないと、今日はみんながお風呂に入れないよ」と厳しく言うことで、子どもは自分の仕事に誇りを持ち、さらに工夫する意欲がわいてくるものです。

「国語力」の育て方編

作文で、学力が伸びる！

芦永奈雄先生

あしなが・なお　2002年、国語専門塾の小平村塾を開塾。通信教育による作文・小論文の指導で、国語が苦手な子どもたちの偏差値を短期間で「劇的に」上げる。著書に『「本当の学力」は作文で劇的に伸びる』(大和出版) など。

「自分なりの答え」が出せる子どもに育てよう

国語に必要なのは、**文章力、表現力、考える力の3つ**ですが、中でも「考える力」は欠かせないものです。しかし、多くの子どもを指導していて感じるのは、「自分なりの答え」を出せる子が非常に少ないこと。答えが決まっているものを暗記して、それを勉強だと思っている子が多いのです。

大切なのは、答えより、答えにたどりつくまでの思考のプロセスそのもの。でも、親や教師が答えばかり求めているので、それが、国語力の伸びない原因ではないでしょうか。

国語力に欠かせない「考える力」を育てるためには、子どもに作文を書かせることです。それも、「一所懸命考えないと書けないお題」で書かせるのがポイントです。

多くの親は、「読解問題」をたくさんこなせば国語力がつくと勘違いしています。でも読解問題は、あくまでも力がついたかどうかを試すもので、国語力をつけるには、ひたすら「書くこと」が大事なのです。学校の授業が、ますます脳を使わない方向に進んでいる現在、親が家庭でどう取り組むかは、非常に重要です。

「うちの子は国語が苦手」というお父さん、お母さん、子どもが国語を好きになる環境を作ってあげていますか？　子どもの「国語嫌い」を増長させているのは、親の次のような思いこみが原因かもしれません。

1 「答えは1つ」と思っている

本当の国語の勉強というのは、算数や数学とは違って、答えが決まっていないものなのです。試験の形式上、答えが1つにしぼられるように問題が作ってあるだけで、「自分なりの答え」が出せるようにすることこそが、本当の国語力を上げることにつながります。

2　本をたくさん読めば、国語の成績が上がると思っている

本を読むということは、書いてある内容を理解するということ。知識は得られても、自分の頭で考えることにはなかなかつながりません。本を読むことを通して、考えているかどうかが重要であって、たくさん読むことが重要なのではありません。

3　自分の子どもは国語が苦手だと思っている

読解問題ばかりひたすらやらせて、正解率が上がらないから「うちの子は国語が苦手」と言っている人が多いようです。読解問題では国語の力は上がりません。国語の力を伸ばすには、「自分で考えること」が必要です。そのためには「書く」練習が非常に効果的なのです。

4　受験には、作文は必要ないと思っている

作文を書くことにより、解答の記述が上手になるのはもちろん、文章問題で聞かれている内容がよくわかるようになるので、すべての学科にいい影響があります。また、常に「読み手を意識しながら書く」ことにより、出題者の意図がわかるようになり、結果として、試験での得点率アップにつながります。

5　制限時間内に問題を解くことが重要だと思っている

限られた時間で解かなければならない試験は、「知っているか知らないか」を試すだけのものになったり、勘に頼ったりしがちで、総合的な学力をはかるものではありません。実は、どんなに時間がかかっても、「自分なりの答えを出すまで深く考える」プロセスのほうが普段の勉強ではずっと大切なのです。

6　作文は、国語だけの問題と思っている

作文を書くということは、自分を見つめ、自分について考え、表現するということです。そういう訓練を積んだ子どもは、社会に出てからも、自分の意見や考えをきちんと説明することができます。作文は、国語のためだけでも、受験のためだけでもなく、「人間力」を育てるものなのです。

ストーリー作文で国語力がメキメキアップする！

国語力をつけるために一番大切な「**考えるプロセス**」を育む方法として**おすすめしているのが「ストーリー作文」**です。文章にストーリー性を持たせることで、日常の些細なことでも面白いテーマになり、読み手にとって、ついつい続きが気になる文章になります。

練習しているうちに、初めは3行くらいしか書けなかった子どもが、原稿用紙3枚くらいの面白い作文を書くようになります。

ストーリー作文では、考えなければ書けないようなテーマを出します。たとえば、10年後の自分、最悪の旅行、私の好きなもの、僕の家の周り、

サヨナラ、忘れられないこと、……。こんなテーマで作文を書くには、自分を見つめ、自分について考えるというプロセスが必要になってきます。

なぜ「ストーリー作文」で国語力がアップするの？

子どもたちは書くことを通して、自分を表現することを学びます。そのためには、考えることが必要です。つまり、国語に必要な3つの力が、同時につけられるのです。また、国語力はすべての科目の基本。言い換えるなら、「頭をつかうこと」の根本ですから、すべての教科に影響があるのは当然です。

ストーリー作文を練習した子は、受験に必要な小論文の基本的パターンも、自然に身につきます。

それでは、ストーリー作文を書くためのとっておきのコツを、伝授しましょう！

ストーリー作文の書き方教室

ストーリー作文で大切なのは、自分の頭で考えることです。

とはいえ、知っておくと便利なテクニックがいろいろあります。「信じられる?」というテーマで実際に子どもが書いた作文を読みながら、学校では絶対教えてもらえないとっておきのテクニックを伝授します。

回転子どもの国
三年　西山　千里

「ここは、回転子どもの国。子どものほしいカップルはどうぞご自由にお入りください。」↓（コツ1）

という立てふだが立っていました。その右どなりに虹色のとびらがあります。**まん中に、金色の子どもマークがついたそのドアを一組のカップルが開けました。中へ入っていくと、『花のワルツ』がしずかにながれてき**

ます。さわやかな風がそよそよふき、その風にのって、世界中の花々の香りがただよって来ました。↓（コツ2）

さらにおくへ進んでいくと、ハートの形をしたピンク色の小さな小さなドア。このドアは、立ったままでは入れません。しゃがんで歩くか、ハイハイしながら通るか…。どっちにするか、まよう所です。そのカップルは「ハイハイ」をえらびました。

まずは、男性がハイハイで入ります。すぐに通りぬけました。つづいて、女性がハイハイで通ります。入れるかな。ドーン。↓（コツ3）

「いっいたっ。」

おしりをドアにぶつけました。そう、おしりが大きすぎるのです。だから、ひっかかってしまいました。ぬけません。女性のりょう手を男性が力をこめて何度も引っぱりました。スポッ。ようやく、通りぬけることができました。↓（コツ4）

「よかった。」

その男女はほっとしてささやきました。

ふと気がつくと、金色のベルトコンベアーが……。ベビーピンクのお皿とあわいブルーのお皿がコンベアーのうえを交互に流れて来ます。まるで、回転ずしのように。

ベビーピンクのお皿には、はだかの女の子、あわいブルーのお皿にはやっぱりはだかの男の子が乗っているのが見えました。

泣いている子、わらっている子、おこっている子、ねている子さまざまです。女性は、にこにこわらいながらバレリーナのようにおどっている女の子をえらびました。それはこの子がいると、もっともっとしあわせになれそうだから。この子を見ているだけで心がポカポカになってきます。

「よし、決めた。」

男性は、あわててピンクの皿ごと持ち上げます。そして、男性が女の子をそっとだきかかえ、**三人は顔を見合わせました。皆が同時にほほえみます。**（コツ5）

これが、私たち家族がたん生したしゅん間です。

なぜ、私がくるくるとおどっていたか分かりますか。絶対にこのカップルにえらんでもらいたかったから。だってその二人が愛にみちあふれていたんだもん。

○○先生、信じられる？

（コツ１）　書き出しをセリフから始める

いきなりセリフ（正確には、ここでは「立てふだ」に書かれた言葉ですが）から始めることで、文章が月並みなかんじになりません。とても簡単にできて、効果的なテクニックです。さらに、「会話の途中のセリフ」から始めることで読み手の想像がふくらみ、気持ちを惹きつけることができます。

（コツ２）　事実を起こった順に書いていく

物事が起こった順に展開されると、書いてある内容が頭に入りやすくなり、読みやすくなります。また、読んでいる人は自分がその場に居合わせているような気がして、続きが気になります。

（コツ3）　現在形と過去形を交互に書く

文章の中でとくに盛り上げたい部分は、現在形と過去形を織り交ぜながら書くと効果的。文章にリズムが生まれると同時に、読んでいる人に、自分がその場にいるような臨場感を与える効果があります。

（コツ4）　結果を書かずに過程を書く

「遠足に行きました」というような結果ではなく、遠足で何があったのかという過程こそが面白いのです。どんな苦労があったのか、どんなハプニングが起こったのかを具体的に書くことで、作文に面白みが出てきます。スポーツで得点結果だけを見てもつまらないのと同じです。

（コツ5）　うれしいことを「うれしい」と書かない

「うれしかったです」「こわかったです」などと気持ちや感想をそのまま書いても、読む人にはまったく伝わらないし、つまらない文章になってしまいます。行動や事実を細かく書くことで、自然に気持ちが読み手にも伝わります。

さらに「ストーリー作文」を上達させる5つのコツ

子どもの作文の力を伸ばすためには、親が作文を書きやすい環境を作ってあげることも必要です。つい一所懸命になりすぎて、子どもを「作文嫌い」にさせないように気をつけましょう。

1　うまく書けなくても怒らない

「どうして書けないの!」「どうしてわからないの!」とついつい怒ってしまう親が多いのですが、これは子どもの「苦手意識」をますます強くしてしまうだけです。子どもの作文力を伸ばしたいなら、作文を「好き」にさせることが何より大切。集中力は、好きなことに対して一番発揮されるのです。

2 「書くこと」を引き出す質問をしてあげる

文章を書くことには大変なエネルギーがいります。初めのうちは親がそばについてヒントを出したり、アイデアを出したりしないと、なかなか書き出せません。「遠足で一番つらかったことは?」「一番感動したことは?」などと質問をして、書くことをうまく引き出しましょう。

3 定期的に書かせる

作文は、定期的に書くことで脳が鍛えられます。ただし、毎日ではなくて1週間に1回など、余裕を持って取り組みましょう。重要なのは、あくまでも「考える」というプロセスなので、題材探しや骨組みを考えるための期間をたっぷりととることが必要です。

4 アイデアが固まるまで机に向かわせない

作文力を伸ばすために重要なのは、早く書くことよりも、「いかに深く考えて書くか」ということです。机の前に座らせるのは、最後までアイデアが固まってからで十分。普段から考えていると、散歩をしたり、お風呂に入ったりと、リラックスしているときにいいアイデアは生まれるのです。

5　とにかくほめる

子どもにやる気を出させ、楽しく取り組ませるには、ほめることが一番。それも、「上手に書けたね」というだけではなく、たとえば、「内容が面白い」「最後までちゃんと書いた」「この間より長く書けた」など、さまざまなほめ方をしましょう。「書いたらお小遣いをあげる」というルールは、中身がおろそかになりがちで逆効果のこともあります。

「教育ノート」の作り方編

家庭学習を成功させる「教育ノート」の作り方

吉本笑子先生

よしもと・しょうこ「お母さんの勉強室」主宰。子どもの教育に家庭で行う「先行体験」が効果的であることに気づき、独自のメソッドを確立。主な著書に『お母さん、もっとおしえて！』シリーズ（情報センター出版局）など。

家庭学習が成功する10の基本

1　学ぶことは「楽しい」「面白い」と思える工夫

やる気の土台をつくる第1段階、それは学ぶことは「楽しい」「面白い」と思えることです。学習にかかわらず、人間にとって大切なのは「やる気」。どんなときでも「楽しい」「面白い」と思えるようちょっと工夫をする、ここを大切にすることからはじめてほしいと思います。

2　点数（正誤）を嘆くより「失敗から学ぶ」姿勢を伝える

テストの結果を見て、「テストの難易度」や「運」に原因を求めても自分ではどうすることもできません。「能力」に求めるとがっかりしてやる気が萎えます。どんなときでも、「努力の仕方」に帰属させるのが一番。そうすれば、「そうか、次はこうしてみよう」と「やる気」を引き出すことができます。

3　間違えたとき、「なぜ間違えたか」を考えるようにする

間違えたときは、必ず「なぜ」を考えるように習慣づけます。じっくりと自分の弱点と向き合い、修正をしておく大切さを伝えます。

4　子どもが「自分で」（自主性）を感じられるシナリオを作る

人間は「よい行いは自分の意思でやりたい」と思うものです。しかし、親はそれを待てないことが多々あります。つい、「勉強しなくていいの？」「早くしなさい」と口うるさく言ってしまう。やる気の芽がある程度まで

成長するまで、親にサポートされていても、子どもが「自分の力でやっている」と思える工夫が必要です。

5「質の学習」「量の学習」という両軸を動かす

学習には「質の学習」と「量の学習」があります。前者は物事の意味や関連などを深く調べる、考える学習です。後者は知識を頭の中に記憶させていく学習です。注意したいのは「量の学習」にあたる「暗記」「物量」に偏らないこと。一時は点数が取れても、成績が伸び悩むことにつながります。

6「質の学習」の代表「先行体験」。語彙力とイメージ力を

「先行体験」は、学習の土台となる「語彙力」「イメージ」を得ることができます。この2つは、子どもの思考力を伸ばし、つまずきを回避してくれます。また、机上で学習事項と出合ったとき、「あっ、知ってる!」と思え、やる気を萎えさせることなく興味を持たせることができます。そし

て「先行体験」のような「リアル体験」は、やる気を育てる第1段階「楽しい面白いと思える」、を与えてくれます。

7「量の学習反復練習」を大切に

いくら子どもが喜ぶからといっても、「質の学習」だけに偏ると知識を蓄積できません。記憶にとどめ、伝える知識にする、点数を取れるようにするには、「反復練習」が欠かせません。楽しく反復練習ができる方法を工夫してみてください。きっと一歩前進できるはずです。

8　手を使わせる

できる子の多くは、むずかしい問題に向かうと、すぐ手が動き出します。要点を書き出す場合もあれば、図を描く場合もある。これは文字や記号、図形を使って頭の中にあるものを外に出そうと試行錯誤しているのです。「花笑メソッド」では「先行体験」の段階から、いつでもメモ用紙とペンを携帯していただき、ちょっと時間があれば何でもいいから書く。何かを考えるときは頭の中に浮かぶものを書く。そんな習慣づけをします。

9　むずかしい問題と基礎的な問題を平行して学習させる

「基礎が大切、自信が大切。またやる気をなくさせないために簡単な問題を繰り返しやらせる」。「やる気を萎えさせないようにしながら、ある程度むずかしい問題を混合させてやらせ、考えさせる練習をさせる」。小学5年生くらいになると、前者はちょっとむずかしい問題になると簡単に投げ出してしまいます。後者は粘り強く解き切ろうとします。

10　子どものタイプを把握しておく

子どものタイプを知ると、「この子はこのタイプの子だから、なるほど、こう考えるのか」と思わぬことに気づかされることがあります。ただし、この方法は子どもをパターン分けするものではありません。あくまでも子どもの良い点を重視し、伸ばすヒントとして活用してください。

言葉で伝わりにくいことが紙に落とすと伝わる

私が主宰する「お母さんの勉強室」は、受験対策というよりも10年、15年先の子どもの成長を目的としています。その子育ての鉄則をまとめたものが、右に紹介した「花笑メソッド」。すべて大切なことばかりですが、今回の教育ノートのテーマは、メソッドの1番、そして5番、6番、7番です。

親子で楽しみながら、子どものやる気を育むことが目的。生活体験を生かした工夫から「できる子」に必要とされる語彙力や考える力、自分の意見を言える大切さを身につけられるようにしていきます。

情報過多と公的教育への不安からお母さんが軌道を狂わせてしまうことがあります。そんなとき、親子で共同制作したノートがあれば、原点に戻れます。親子の心のつながりも思い出させてくれると思うのです。また、言葉ではなかなか伝わりにくいものでも、このノートを見ることで、無理なく、すーっと流れ込ませることができる。親子の関わりとはそれほど、子どもの心に響くものなのです。もちろん、お母さん自身も客観的に自分を見ることができます。

子育て問題の解決はノート作りから

ノート作りの最初は、1日1日の自己評価をカレンダーに書き込むことから始めましょう。今日は子どもと笑えたかな。笑えたら○、笑えなかったら×。それだけで、お母さんたちの心が落ち着きます。

私は電話相談を受けていません。相談はメールで受け付けています。理由は、お母さんたちは、問題をどう解決するかではなく、相手が聞いてくれるか、くれないかが重要で、話してしまうと安心してしまうところがあるからです。これでは、問題は解決しません。メールにすると、書きながら落ち着けるし、客観的になれるところがいいですね。

今回は2つのノート作りを紹介します。1つは、日々の子どものやる気を育てるための「できるママの週間あったか子育てノート」。もう1つは、カレーライスを題材に親子で楽しみながら先行体験する「カレーノート」です。２つともに明日からでも始められる簡単なノート。楽しく継続できるかどうかは、お母さんたちの工夫次第です。

子どもの成長の記録を親子で確認する「週間あったか子育てノート」

「週間あったか子育てノート」の目的は５つあります。

（１）子どもの特徴や伸ばすコツを知り、子どもの心の成長を育んでいく。
（２）能力や可能性を引き出す工夫を積み上げる。
（３）お母さんの心の安定を図る。
（４）親の思いや大切なことを言葉ではなく、ノートを通して伝える。
（５）子どもの日々の成長を記録にする。

ノートは子どもを３つのタイプに分けて作っていきます。まずお子さんがどのタイプに似ているかを確認してから始めてください。

A　細かいことが苦手な「なんとかなるさクン・サン」

面倒くさがりで楽天的、思いつきや状況で返事をする「なんとかなるさクン・サン」。細部への気配りは苦手だけれど、全体を捉えるのはとても上手な子どもです。しかしママの心配や怒りの原因が何かわからないこともあります。何かを伝えたいときは気が散らないようにすること。ママも集中して、ひとつずつ能力を伸ばしていきましょう。

B　負けず嫌いでコツコツ型の「きっちりしなくちゃクン・サン」

負けず嫌いで、責任感の強い「きっちりしなくちゃクン・サン」。やるべきことが終わっていないとなかなかリラックスできない子どもです。人からの評価を大切にするため、失敗すると見た目より傷つきやすいところがあります。また落ち込んでいるところを人に気づかせないところがあります。ほめて伸ばすことを心がけましょう。

C　好きなことがあるのに人に合わせてしまう「優しいクン・サン」

自分の行動を親の顔色に合わせてしまう「優しいクン・サン」。なかなか自分の意見が言えない子どもです。学習しているのに成果が出ないことがあるので、よく観察してあげましょう。また「好きだと思える」「好きだと言えるもの」を発見させてあげることも大切です。このタイプは、親の喜ぶ顔で成長していく子どもです。

お子さんのタイプを見極めたら、次にノートに書き込んでいく項目です。基本項目は6項目になります。

1「今日のママ」

笑顔で1日を送れたか、イライラしていなかったか、自己診断する項目です。子どものやる気を育てる、第一歩はママの笑顔です。この項目はママの心の様子がわかるように、オリジナルマークを作るのもいいでしょう。

2「反復練習」

楽しませる工夫をしながら、体験して得た知識を定着させるには反復練習が欠かせません。反復練習の状況を毎日書き込みましょう。

3「リアル体験」

学びへの興味を引き出す「質の学習」が大切です。毎日というわけにはいかないでしょうが、何気ない会話や生活の中で課した、子どもたちの体験を記録しておきましょう。

4「今週、ママがうれしかったこと」

ひとつでも、ふたつでもかまいません。小さなことでもかまいません。うれしかったことを記録しておきましょう。

5「今週の反省点と改善点、良かった点」

気づいたことや反省すべきことを書き出し、来週以降の目標設定の参考にしましょう。

6「○○クン（サン）へ　ママからのひと言」

言葉にすると伝わりづらいこともノートに記録すると、伝わりやすくなります。1週間のまとめとしてメッセージを残しておきましょう。

さらに子どものタイプ別の項目としてAタイプ（なんとかなるさクン・サン）の場合は、ひとつずつ目標をクリアしていくために「決めたこと」という項目を設定します。できなかったときは、注意するだけでなく、改善点を子どもと話し合いましょう。

Bタイプ（きっちりしなくちゃクン・サン）の場合は、親が意識していないと子どもの心の動きを見過ごしてしまうことがありますから、子どもの様子に注目できるような「任せた仕事」「失敗」などの項目を設定します。

Cタイプ（優しいクン・サン）の場合は、自分の意見を言う機会を増やしたいので「意見」という項目を設定。自分で考える癖を付けさせることが大切です。

子どもにとっては、やがてノートが宝物になる

週末にはノートを振り返り、来週の目標を設定します。

目標設定のポイントは、無理をせずに、ひとつ、ふたつの項目だけに絞ってみることです。あれもこれも設定して、親子に笑顔が消えたら意味がありません。まずは、できるところから始めましょう。子どもに笑顔が増えた、ママにも笑顔が増えた。そう思えたらステップアップしてください。

1週間で何かが劇的に変わるわけではありませんが、この積み重ねが親子の関係を深いものにし、さらには子どものやる気を育てることになります。そして、このノートが束ねられたときには、子どもにとって親の愛を感じることができる宝物になっているはずです。

親子で一緒に作る「カレーノート」

次にカレーライスを題材に「先行体験」に取り組んでみましょう。**「先行体験」とは、**メソッドのところで紹介しましたが、**日常生活の体験の中**

で**「これ知ってる」と思える「やる気の種」を子どもの中に作るものです。**
勉強させるのは難しいと思うお母さんたちは多いかもしれませんが、カレーライスを子どもと一緒に作るだけでも、たくさんのことを学ぶことができます。たとえば、「じゃがいもは北海道から来たんだね」「カレールーを5等分にして」「りんごで食べるところはどの部分かな」と、材料を手にしながら、料理を作りながら親子で会話するだけで、社会や算数や理科の内容に触れることができます。

ここで間違ってはいけないのは、「先行体験」は「先取り学習」とは違う点です。だから、子どもが嫌がることをさせては先行体験の効果は半減してしまいます。また、カレーライスを一緒に作るにあたって、子どもの年齢を気にするお母さんもいらっしゃいますが、年齢よりも、子どもが楽しめているかどうかを判断基準にしてください。「先行体験」を成功させるには、まず楽しい体験になっているかどうか。この体験を通して何かを教えようとかまえないこと、そしてお母さんが笑顔であることがポイントです。

結婚式に持参した「カレーノート」

カレー作りが終わった後に、その体験をまとめておくのが「カレーノート」です。書き方にルールはありません。自由に学んだこと、楽しかったことを記録しておきましょう。

この「カレーノート」には素敵なエピソードがあります。カレーは、先行体験を家庭学習に取り入れた初期の段階からの題材で、当時体験した子どもたちは既に社会人になる年齢になりました。最近、その子どものひとりがお嫁に行くことになりました。私が「お祝いは何がいい？」と聞くと、「いいよ、もらっているから」といって差し出したのが、子どもの頃にお母さんと作った「カレーノート」だったのです。そして彼女は感謝の言葉をこう伝えてくれました。

「ここまでいろんなことがあったけど、この思い出に支えられたことがたくさんあった。ママとカレーライスを作った体験は、本当に楽しかった」

楽しい体験がいつまでも記憶に残ること、そして親子の豊かな関わりがいかに大事なものであることを、改めて感じた出来事でした。みなさんにも親子でカレーを作りながら、そんな大切なものを見つけていただきたいと思います。

親子の共同作業で作るカレーノートの作り方

1　いつカレーを作るか親子で話し合います。
2　どんなカレーを作るか親子で話して決めます。
3　親子でカレーの材料を買いに行きます。
4　材料が揃っているか確認します。
5　揃えた材料を見ながら、材料について親子で話します。
6　親子でカレーを作ります。
7　材料から学んだこと、作っている間の出来事などをノートにまとめます。

手順の1～7までを1日で行なうことはありません。何日かに分けて、無理なく体験するようにしてください。ノートにまとめるのは7番目の手順ですから、たとえば1が終わった段階で体験した部分だけをノートにしてもかまいません。

作業を進めていく上で、注意してほしいのは、子どもが失敗しても、いきなり注意するのではなく、子どもに失敗した理由を考えさせることです。

またキッチンでの仕事は危険がともなうので、子どもの高さに合わせた踏み台や包丁を用意し、危険がないように工夫してください。ノートの書き方は自由。ヒントはお母さんが与えたとしても、どうまとめるかは子どもの意見を優先してあげてください。

頭のよい子ができる家編1

10歳までは個室よりコミュニケーション

清田直美先生

きよた・なおみ　デザイナーズスタジオ株式会社代表。インテリアデザイナー、二級建築士。住宅を中心としたインテリアデザイナーとして活躍。テレビ番組やインテリア雑誌にも作品が取り上げられる機会も多い。

自然と親子の会話が生まれる工夫を

避けたほうがいいのは、「子どもがいつ帰ってきたかわからない、いつ寝たかわからないような子ども部屋」。

親がいるリビングを必ず通れば、子どもの様子を見て声をかけることもできます。マンションなどでは間取りを大きく変更することは無理ですが、子どもが帰ってきたときにコミュニケーションがとれる状態になっていれば大丈夫。

テレビもみんながいるリビングで見ていれば、子どもがどんな番組をどのくらい見ているのかわかるもの。「最近これがはやってるの？」と話したり、好きなタレントの話をしたりと、自然に会話が弾みますし、子どもの興味の対象もわかります。

個室で勉強させるにはまだ早すぎる

子ども部屋を与えるタイミングとしては、小学校入学時が考えられます。でも、**10歳ぐらいまでの子どもは、個室で集中して勉強するにはまだ早く、親とコミュニケーションをとりながら、宿題や塾の勉強ができたほうが効率的**なことが多いようです。

つまり寝る場所は親と別でも、勉強などはリビングかリビングの近くで親の目が届く場所がいいということ。そう発想して子ども部屋を考えると、それほど広い必要もなく、すべての設備が整っていなくても、それほど日当たりがよくなくても大丈夫ということになります。ただその場合、次のような工夫をしてみることがオススメです。

子ども部屋を作るときに注意したい４つのこと

１　広さ　ベッドと机が置ければＯＫ

広ければいいというわけではありません。家全体のスペースに合わせて子ども部屋として使える広さを考えるべき。完全な個室でなくても、ベッドと机がある子どもスペースが確保できればいいでしょう。兄弟がいれば机を並べて複数で使うことも考えてください。

２　設備　設備の充実よりこもらない対策を

子ども部屋に何でもそろっている必要はありません。一般的にはベッド、机、本棚と作り付けのクローゼットというのが定番。エアコンはなくして、暑いときは出てきたほうがいい。扉に鍵もつけないで。こもらない対策を心掛けましょう。

3　**間取り・位置　人気の間取りは〝リビング経由〟**

一戸建てで多いのが2階の南側の部屋。しかし安全面から見ると、小さいときは親の近くで寝たほうがいいし、階段も危ないから1階でもかまいません。子ども部屋からリビングを通らないと玄関に行けない間取りも人気です。

4　**色・素材　明度・彩度が高いと広く見える効果が**

壁紙やカーペットなど、使う面が大きい所は、明度・彩度の高い白っぽい色を選ぶと、狭い部屋を広く見せる効果があります。素材は体にやさしい物や子どもが汚しても目立たない物、掃除がしやすい物を選んだほうがよいでしょう。

ほとんど使われない今井家の子ども部屋

130ページの今井家を例にとって説明しましょう。

今井家は会社員のお父さん、専業主婦のお母さん、小学3年生の正也くんの3人家族。東京都郊外のマンション暮らし。広さは76㎡、間取りは3LDK。新築で5年前に引っ越してきました。一番広い7畳を子ども部屋にしています。

今までは、玄関を入って右側の7畳の部屋が正也くんの部屋、左側の5畳の部屋が納戸がわりの物置部屋に、そして和室にお父さんとお母さんが寝ていました。

正也くんは、学校から帰ってきてリビングでおやつを食べ、遊びに行って、夕飯を食べ、テレビを見て、そのままダイニングテーブルで宿題をする毎日。家にいるほとんどの時間をリビングで過ごしています。自分の部屋を使うのは、寝るときと友だちが来たときくらい。そこで提案するのは、リビングの隣の和室を〝ファミリーライブラリー〟にする計画です。

家族で勉強する場所「ファミリーライブラリー」

まず、5畳の部屋に正也くんのベッドが入るようにします。そして、7畳の部屋を夫婦の寝室として使い、和室を空けます。和室にはテーブルま

今井家の今の使い方

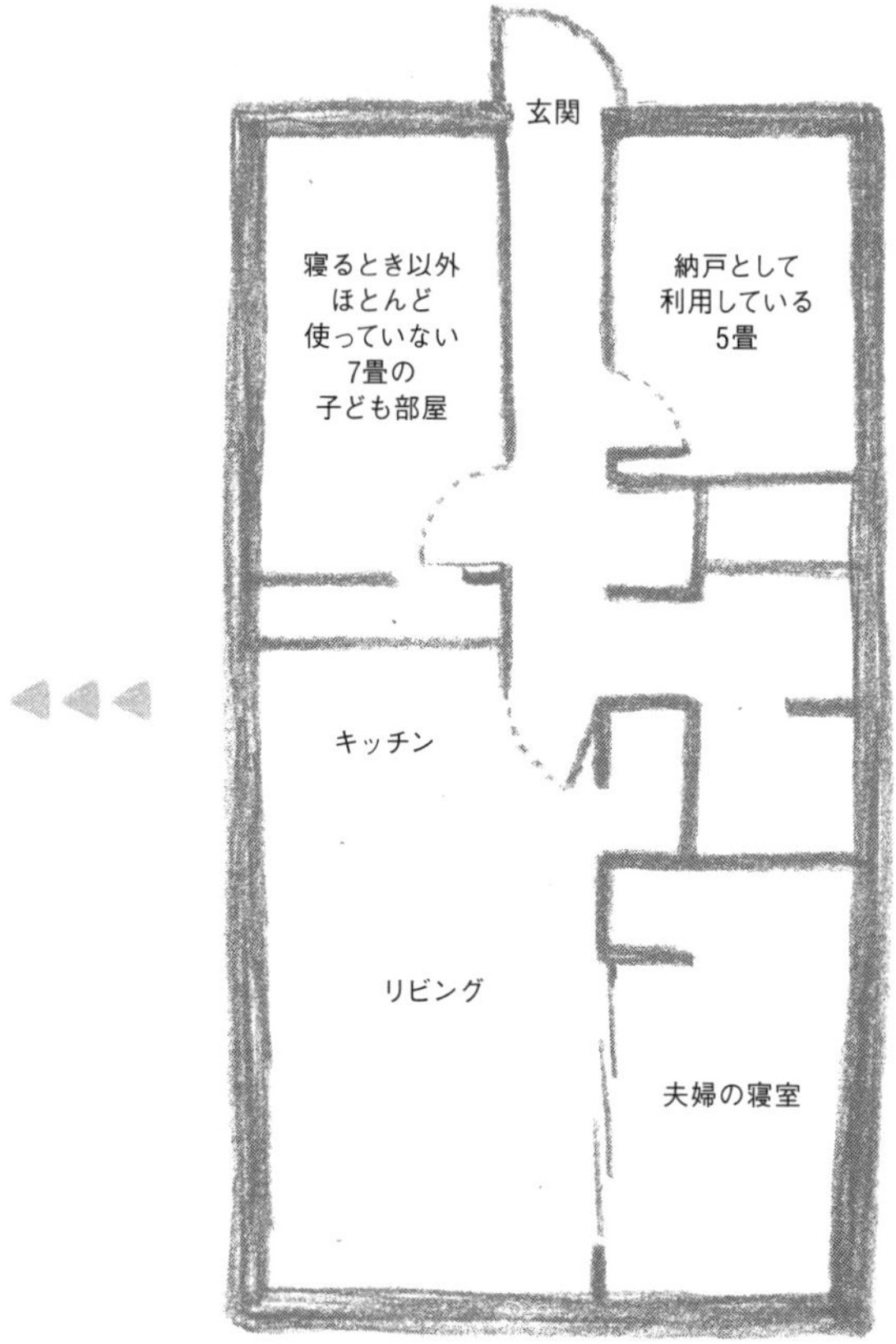

玄関
寝るとき以外
ほとんど
使っていない
7畳の
子ども部屋
納戸として
利用している
5畳
キッチン
リビング
夫婦の寝室

使い方を変えると……

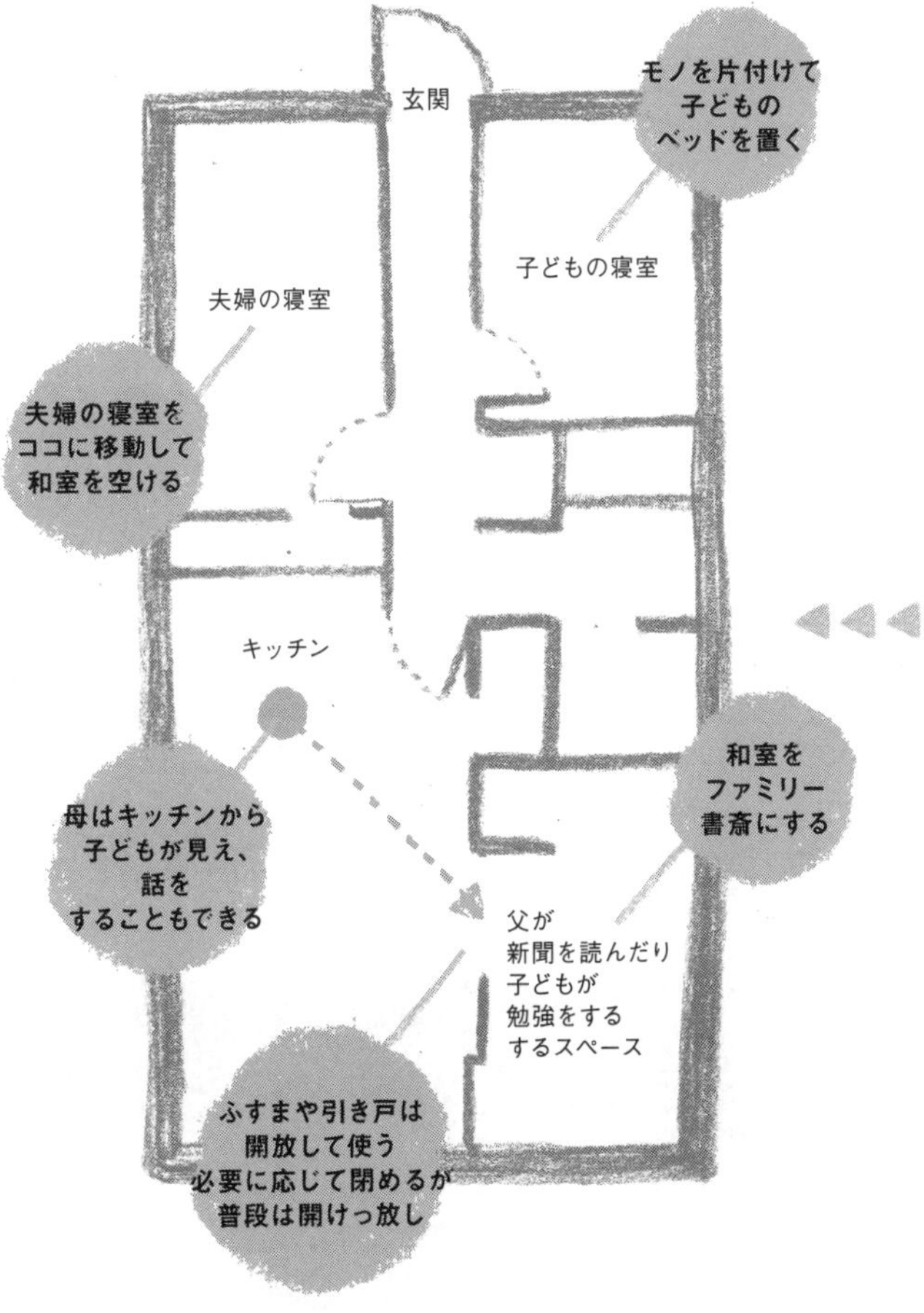

玄関
モノを片付けて子どものベッドを置く
子どもの寝室
夫婦の寝室
夫婦の寝室をココに移動して和室を空ける
キッチン
和室をファミリー書斎にする
母はキッチンから子どもが見え、話をすることもできる
父が新聞を読んだり子どもが勉強をするするスペース
ふすまや引き戸は開放して使う必要に応じて閉めるが普段は開けっ放し

たは座卓を置き、ふすまや引き戸は開放して、リビングとつなげてしまいましょう。余裕があれば本棚を置いて、家族全員の本を収納するようにします。正也くんがちょっと背伸びしてお父さんの本を手にとる機会もあるかもしれません。和室のテーブルなら、お母さんと話しながら宿題ができ、お父さんもそこでパソコンができたりすれば、みんなの共有ライブラリーとなるのです。

同じ本の話題で話したり、子どもがどんな勉強が得意か、勉強以外にもどんなことに興味を持っているのかが自然とわかります。好きなことがわかれば、そこを伸ばしてあげられます。

視線をさえぎって集中したいときは、ふすまを閉めれば個室にもなります。大がかりなリフォームなどしなくても、家族が有意義に使える場所ができました。ダイニングテーブルで勉強するのもいいのですが、食事する場所と勉強する場所を別にとれれば、このファミリーライブラリーがおススメです。

子どもはどこででも勉強できる

昔は個室の子ども部屋は少なかったのですが、それで勉強ができなかったかというとそんなことはありません。子どもはどこででも勉強できるものなのです。

本当の勉強部屋として個室を与えるのは、小学校の高学年から中学生になる時期でいいでしょう。思春期になると、精神的に親から離れて自立の方向に向かいますし、試験勉強などで夜遅くまで集中して勉強できるようにもなります。

それまでは「リビング勉強」で親子のコミュニケーションを大事にしたいですね。そのほうが会話のはずむ明るい家庭になります。

もっとコミュニケーションを深めるための工夫も紹介しておきましょう。

1　リビングにホワイトボードを置く

勉強で使ったり、お絵かきしたり。ホワイトボードに子どもが書いたことを夜中に帰ってきたお父さんが見て、子どもの様子を知ることができ、家族の伝言板としても大活躍。

2　たまには家族で布団を敷いて寝る

ベッドもいいけれど、たまにはみんなで布団を敷いて寝るのもコミュニケーションアップには有効。布団を敷くのを手伝いながら、寝るまでの間に今日のことをみんなで話し合えます。

3　子どもを家事に参加させる

家族の一員としての仕事には小さいうちから参加させたいものです。料理は段取りを考える能力が鍛えられるし、掃除・片づけは自分の分担を決めて家族全員でやれば自主性が育ちます。

頭のよい子ができる家編2

「子供部屋」＝「勉強部屋」は間違いです

四十万靖先生

しじま・やすし　生活情報産業ベンチャー企業スペース・オブ・ファイブ株式会社代表取締役。慶應義塾大学卒。著書には「頭のよい子が育つ本棚」（学習研究社）、『頭のよい子が育つ家』（日経BP社）など。

居心地がよくて勉強しやすい場所を子ども自身に探させてあげましょう

私の子どもがそうでした。小学生のとき、リビングのテーブルでばかり勉強していました。我が家だけが特別なのかなと思って、ほかの中学受験に取り組むご家庭に話を聞いてみると子ども部屋で勉強する子どもはほとんどいませんでした。結果は、合格です。

そこで私は200軒に上る有名中学に合格したご家庭を取材してまわり

ました。すると、子ども部屋で勉強する子どもは少なかったのです。

「子どもは子ども部屋で勉強する」というのは、大人の勝手な思い込みのようです。私は、それを大人目線といいます。子ども目線でモノを見ると、全然違います。静かに勉強してもらおうと用意した子ども部屋を子どもはあまり喜んでいなかったのです。子どもは、パパやママ、兄弟の存在を感じられる空間で勉強するほうが集中できるんですよね。

「○○は、受験だから静かにしよう」と両親が息を潜めるほうが子どもの勉強を邪魔しているというわけです。

リビングのテーブルやキッチンのカウンター、中には庭でママが洗濯物を干している側で勉強していた子どももいました。つまり、子どもが楽しそうに勉強していたら、それがどこであろうと「子ども部屋で勉強しなさい」と言ってはいけません。子どもは居心地のいい、勉強しやすい場所を見つける天才ですから。

また、勉強が楽しくなるためには親子の会話も大事です。

ただ、子どもは自分が思っていることを表現できる言葉を豊富に持っていません。子どもが〝描く〟コミュニケーションを大切にしてください。

学校での出来事、読んだ本の感想を絵に描いて飾る空間をつくりましょう。その絵について、「上手ね」「よく描けてるわね」ではなく、「どうしてこの絵を描いたの？」と聞いてみてください。話し始めるはずです。出来事や感想だけでなく、そのときの気持ちまで。それが親に伝わるとわかることで、子どもの表現力や考える力は大きく伸びるでしょう。

表現する力や考える力は、受験において大きな比重を占める要素になります。それを家庭の中で、親子で話すだけで伸ばすことができるようになるというわけです。

パパの役割も重要です。

今、パパもママも同じような存在になっていますが、**やはりパパとママの役割は違います。**パパはママにはなれません。子どもとママは、思う以上に濃い関係が築かれています。ときには、感情的になるときもあります。

そんなときに、パパは子どもの逃げ場所になるべきです。ママと一緒に、子どもを怒ってはいけません。そして、子どもにとっての憧れの存在にもなってほしいと思います。

憧れのパパがいて、家事を楽しむママがいる。そんな空間が子どもにとっての最高の勉強部屋になるということです。

頭のよい子ができる7つのポイント

1　子ども部屋は勉強部屋ではありません

「子どもは子ども部屋で勉強するもの」という考えは、大人の勝手な思い込みです。子ども部屋で勉強することもありますが、リビングで勉強しているときでも子どもはしっかり集中して勉強しています。

2　子どもの勉強スペースは子ども自身が見つけます

子どもは居心地のいい、勉強に集中できる空間を探す天才です。つまり、家中が子どもの勉強スペースだと言っていいでしょう。子どもが楽しそうに勉強できる空間は親が用意するのではなく子ども自身に探させましょう。

3　静かすぎると子どもは集中できません

〝勉強は静かにひとりで〟という考えも間違っています。静かなほうが子どもはソワソワして勉強が手につきません。ママが料理をする音、パパの姿、兄弟の声など家庭の空気を感じられる場所こそ子どもは集中できます。

4　トイレ、玄関に会話のタネを蒔きましょう

頭のよい子は、考える力を持っています。考える力はパパやママと会話することで育まれていきます。会話を生むきっかけのひとつに本がありますトイレや玄関に本棚をつくって、親子の会話を弾ませましょう。

5　描くコミュニケーションを大事にしましょう

自分の経験や気持ちを親に伝える。でも、子どもはうまく伝えるための豊富な言葉を持っていません。そこで、絵を描く。その絵を元に親子で会

話を重ねることで伝える力、つまり表現力を養うことができます。

6　ときには子ども部屋で家事をするのも大事です

家中を活用する意味では、子ども部屋も大事な空間です。そんな子ども部屋で親が家事をする。アイロンをかけたり、洗濯物をたたんだり。リビングと変わらない雰囲気をつくり出すことで、子どもは勉強に集中できます。

7　その火くらしを実践しましょう。

「普段の生活の中で〝火〟の大切さ、ありがたさ、怖さを伝えたかった」頭のよい子のお母さんたちは、キッチンを日々の教育・学習の場として活用していたのです。

4時間目

教えて！
子育ての新常識Q＆A

生活習慣編1

Q

どうすれば頭の良い子に育てられるの？

A

脳科学をベースにしたメソッドを活用する。

ノブレス・オブリージュ指導家
上月マリア先生
こうづき・まりあ　㈱日本プロトコール&マナーズ協会理事長。紳士・淑女教育家として第一線で活躍。大脳生理学と礼儀作法を主軸とした独自の教育メソッドが注目されている。著書に『子育ての「鍵」を開く躾シート』（講談社）など。

今までの常識↓　小さい時から塾などに通わせ、とにかく早くから勉強ができるようにする

人間は誰でも、無限の可能性をもって生まれてきます。どの子も頭が良い子になれる可能性をもっています。頭が良いというと、いわゆる机上での勉強ができることと思う方が多いのですが、「天から与えられた能力を存分に発揮できる人」のことを指します。実際に、今の有名進学校の入試は、「ガリ勉」タイプの子の合格率よりも、学校行事も部活も家の手伝いも積極的にして、勉強も効率よくこなしている子のほうが高くなっています。**日頃から**

様々なことに興味を持ち、「一を聞いて十を知る」子は、自然と勉強もよくできるようになるのです。どうすればそんな子に育てられるのでしょうか。一番大切なことは、子どもが人として生きていくために必要な人格教育をきちんとすること、つまり躾です。お母様が常識よりも、真理を見極めて子育てに当たれば、子どもは持っている潜在能力を発揮するようになっています。

常識とは地域や時代で変わるものですが、真理とは普遍的なもの。人は自然界の一員であること、長い宇宙の歴史の中で奇跡的に生まれてきた存在であることなどです。親は子どもが小さいときから「**○○したい、というのは良いこと**」（人には伸びていきたいという欲求がある）、「**ギブ・アンド・ギブ**」（人には無償の愛情が備わっている）、「**ものごとにはいろいろな面がある**」（天と地、右と左のように、ものごとにはいろいろな意味がある）、という3つのことを教えてあげましょう。そうすることで自分自身の命を大事にし、同時に社会で一緒に生きている人たちにも気を配り、心遣いができる子になります。

右脳と左脳に適切な働きかけを

また、具体的に子どもの能力を高めるために、右脳と左脳にそれぞれに適切な働きかけをしてあげる必要があります。江戸時代の日本では、「三つ心、六つ躾」と言い、**心の土台が作られる3歳までの間に良い情報をたくさん与え、6歳までに社会で必要な礼儀作法をしっかり身につけさせていました。**これは現代の脳科学的にも理にかなっています。右脳は3歳頃までに形成され、見聞きしたことをすべて「情報」としてインプットするので、このころまでにできるだけ良い情報を繰り返し与えてあげましょう。さまざまな分野の絵本や図鑑、論語の読み聞かせなどが効果的です。一方左脳が大きく成長する3〜6歳頃までに、右脳でインプットしたことを社会に適合した形で表現する方法、いわゆるマナーを教えていきます。この時期にお尻をひっぱたいてでも「いけないことはいけない」と教えます。何歳でも、思い立った日から実行してみてください。必ず思いやりをもった、勉強もできる子どもに育ちます。

生活習慣編 2

Q

努力ができる子にするには？

A

親自身の努力する姿が、努力できる子を育てる。

→ノブレス・オブリージュ指導家
上月マリア先生

今までの常識↓
叱咤激励でひとつのことを続けさせる癖をつける

スポーツ選手や芸術家など、自分で目標をたてて努力を重ねられる人たちは、「こうなりたい」という自分のイメージを常に持っています。それは有名スポーツ選手がよく、小学校の時の作文で「オリンピックに出る」というような具体的なイメージを書いていることが多いことからも分かります。繰り返しそのイメージをするので、具体的な目標に向かっておしみない努力ができるのです。**「なりたい自分」を明確に持てる子どもに育てるためには、**

親自身がなりたい自分を明確にし、そこに向って努力し続ける姿を見せることが一番大事。その姿を見て自分探しをし、「なりたい自分」が見えてきた子どもが一つの物事を達成しようとすると、嫌でもさまざまなことを学ぶようになります。その過程一つひとつを乗り越えることで子どもは大きく成長します。ですから、好きなことを一生懸命することはとても大事なのです。親も押し付けではなく応援し、環境を整えてあげられるとよいと思います。

行き詰まったら右脳の蓋を開けてあげる

努力の過程というのは、9割は辛いものです。野球でいえば、ひたすらバッティングを続けても、「これだ！」という理想の形ができるのは100本に1本くらいかもしれません。でも、その1本の「素晴らしい打球が打てた！」という喜びを味わいたいから99本を頑張れるのだと思います。また、努力が続けられる人は、その99本を打つ中でも、1本1本の結果を冷静に受け入れ、整理して、技術向上のために必要なことを見出し、実行していきます。「でも」「だって」という言い訳をしません。**親自身が普段から言い訳を**

せずに、まずは受け入れ、それから必要な対処をする態度を子どもに見せましょう。また、子どもが泣きごとを言ってきたときは、まず子どもの言い分をすべて聞いて受け入れてあげます。その上で、「ではどうすればいいのか、ママと一緒に考えてみましょう」と、考え方の整理を手伝ってあげると、自然と子ども自身にそうした思考力が育ってきます。

また、努力している子どもでも、時に行き詰まってしまうこともあります。その時も親はイメージの手助けをしてあげることが大事です。私の娘は数学が苦手です。先日も宿題ができないと苦しんできました。そこで私は「目を閉じて、自分が受かりたい大学に合格して大喜びしているところをイメージしてごらんなさい」とアドバイスしました。すると娘は、「体が軽くなった」と言い、サラサラと問題を解きました。これは右脳が活性化されている状態です。理屈で考えているのは左脳本位の状態です。右脳は、潜在能力の出入り口のようなものなので、**行き詰まっているときは1度「できない」という思い込みを捨てて、イメージの世界に親が誘導し、右脳の蓋を開けてあげましょう。**

Q 子どもをどこまで甘えさせていいの？

A

10歳まではしっかり甘えさせる。

精神科医、
スクールカウンセラー
明橋大二先生
あけはし・だいじ　京都大学医学部卒。国立京都病院などを経て、現在は真生会富山病院に勤務。著書の『子育てハッピーアドバイス』シリーズは累計250万部を超えるベストセラー。

今までの常識↓
将来、悪い影響が出るので、ほどほどに。

10歳まではしっかり甘えさせてください。そうすることで、子どもはいい子に育つのです。こんなことを言うと、不審な表情を浮かべられることがあります。世間では子どもを甘えさせるのは良くないという先入観が非常に強いからです。でも、何か問題を抱えてうちの病院に来る子どもを見ていると、小さい時、十分に甘えられなかったために調子が悪くなったというケースが多いのです。**赤ちゃんから小学校の低学年くらいまでは、思い切り甘えてい**

い時期です。赤ちゃんに抱き癖をつけてはいけないということも、よく耳にしますが、これも間違っています。抱っこは、子どもの心が成長するうえでとても大切なことです。

甘えとは、相手の愛情を求めること。甘えが満たされると、親に対する信頼と同時に自分に対する信頼も育ちます。これが自己肯定感です。自己肯定感をはぐくむことは、しつけや勉強の大前提であり、子育てのうえでいちばん大切なことです。十分に甘えられなかった子どもは、自己肯定感に欠けています。甘えをまったく受け止めてもらえず、放置されて育った子どもは、親をはじめ周囲に対する不信感や怒りを募らせ、攻撃的な性格、あるいは被害者意識の強い子どもになってしまいます。

モノやお金は禁物

ただし、**「甘やかす」と「甘えさせる」を混合しないでほしいのです。**甘やかすというのは、過保護、過干渉のことで、おとなの都合で子どもをコントロールすることです。子どもの要求が情緒的なものならば、赤ちゃん返りであれ、長々と話を聞くことであれ、受け入れてください。これは「甘えさせる」で、いいことだからです。それに対して、おもちゃやお菓子、お金を子どもの言うままに与える、つまり物質的な要求にこたえることは「甘やかす」で、良くありません。

ところが今の世の中ではこれが逆になっていて、「甘えさせる」ことが不足しがちで、その埋め合わせで「甘やかす」ことが多くなりがちです。たとえば、共働きで忙しい両親が日曜日に子どもの欲しがるモノは何でも買い与えてしまうようなケースです。ただ現実には、「甘えさせること」と「甘やかすこと」の区別は難しいので、そのつど、考えていくことが必要です。

子どもを甘えさせてはいけないという人は、それが子どもの自立を妨げると考えているようです。しかし実際は、甘えていい時、十分に甘えた子どもが、親から順調に自立してゆきます。**子どもの心は、甘えと反抗を繰り返して成長してゆくものです。**この二つを行ったり来たりしながら子どもの心は大きくなっていきます。子どもにとって、自立の過程は多くの不安がつきまといますが、大きな安心感に支えられてこそ、子どもは自立してゆくのです。

Q

お母さんが働いていると、子どもの成長に悪影響？

A

子どもが安心できる環境であれば、専業主婦でなくても大丈夫。

→精神科医、スクールカウンセラー
明橋大二先生

今までの常識↓
子どもが小さい間、母親は育児に専念するべき。

「3歳児神話」という言葉を耳にしたことがあるでしょうか。子どもが小さい間、母親は子どものそばにいて育児に専念するべきだという考えです。とくに3歳までは子どもにつきっきりで面倒をみたほうがいいというのです。そうしなければ、心身の発達、社会性の獲得などにおいて悪影響があると、教育関係者の間では信じられていました。一般の人でも、このような考えの人は少なくないと思います。しかし平成10年の厚生白書では、「3歳児神話には、少なくとも合理的な根拠がない」と明記され、ずいぶん話題となりました。

しかし、**生まれてから3歳まで、子どもの脳の能力の発達はめざましく、その後の人生の土台が築かれる時期で**あるのは間違いありません。この時期に親の愛情に包まれて、安心できる環境で育てられることは大切なことです。ただそれは、必ずしも親が24時間つきっきりで見なければならないということではありません。極端な場合、そのために、親が育児ノイローゼになって、子どもを虐待してしまうなら、一定時間保育園に預けて、子どもから離れる時間を持つ方が、親子双方にとってよほどいいということもあるのです。

自分にベストの方法を

だから「3歳児神話」や世の風潮に左右されず、子どもと自分にとって、いちばん良いやり方を見つけてください。もし、仕事をしながら育児もこなす自信がないと思うのなら、育児に専念するのは良いことだと思います。反対に、やりがいを感じていた会社勤めをやめて、育児に専念するとストレスがたまってしまいそうだと考えるのなら、子どもは保育園に預けて、仕事を続けるといいでしょう。その方がお子さんにも優しくできることも多いのです。働いていない人でも、たまには子どもを保育園に一時預かりしてもらい、気分転換をするのは決して悪いことではありません。

両親ともフルタイムで働いているような家庭では、子どもと接する時間をあまりとれないという悩みも耳にします。そういう家庭では、祖父母に子どもの面倒を見てもらうということが多いと思いますが、子育てを丸投げするのは良くありません。しかし子どもにとっては、祖父母はあくまで祖父母、親のかわりにはなりません。大事なところはぜひ、両親で押さえておいてください。そうしないと、後々、思わぬ悪影響が出てきかねないからです。**どんなに忙しい人でも、10分、15分も子どもと接する時間がない、という人はないと思います。その時間を大切にしてください。**しかったり、指示命令したりするのでなく、今日あったことを聞き、面白いことには一緒に笑ってください。そのような時間を子どもと共有できれば、たとえ短い時間であっても、子どもの心は満たされるはずです。

Q 自分が叱っても言うことを聞いてくれません。

A

聞いてくれないのは、効き目のある、気の利くことを言っていないから。

子育て応援団団長・
人材育成コンサルタント
三好良子先生
みよし・りょうこ　専門は人間関係学。産業能率大学総合研究所・立教女学院短大講師。日本GWT協会理事長。全国で子育て支援・次世代育成の講演活動を行う。NPO夢育の学び舎・ゼロキッズ理事。

今までの常識↓
何度も言って話を聞かせる。

叱れない親が増えているとよく言いますが、それは何を伝えたいのか、親がわからなくなっているからだと思います。「やめなさい」「早くしなさい」と言ったときに、なぜやめないといけないのか、なぜ早くしないといけないのかを、子どもにきちんと話していないことが多いのです。

親が「やめなさい」と言うと、子どもには親が怒っていることはわかるので、理由はわからないけれど、言ったとおりに行動します。**親は叱っている**

理由、「なぜならば」を完全に割愛しています。「なぜならば」と言わなくても、「お母さんがこんなに怒っているからわかるでしょ」と決めつけて叱るのです。

大切なのは「なぜならば」

いちいち気を遣って理由を言わなくてもいいのではないかと思うかもしれませんが、これを**積み重ねていくと、子どもは「大人は理不尽」と感じるようになります。**小さい頃は知恵も言葉も少ないので、親の機嫌を損ねると恐いから従います。ところが、子どもに力がつき、正義感が湧いてくると、「こんな理不尽なこと聞いていられない」となり、反抗し始めます。いわゆる反抗期です。「なぜならば」をいつも言えるようにしておくと、思春期になったときに、しっかりと話ができる関係になっています。小さい頃の問題は案外簡単ですが、思春期になると、友人関係、勉強や進学のことなど、問題が複雑になります。話ができるような土台作りができていないのに、いくら話し合おうとしても無理なのです。

言葉がわからなくても子どもはコミュニケーションを皮膚呼吸で聞いてい

ます。

「早くしてほしいの。なぜならば、お母さんが待ち合わせに遅刻するからなの。」

4歳の子どもに「待ち合わせ」や「遅刻」という言葉はわからないと思うかもしれませんが、それでも言っておくのです。意味はわからないけれど、子どもは聞いていて、何かお母さんが説明している、何か理由がある。何か困るらしい。ということがわかります。

一方で、**理由を言うことは親にとってもメリットがあります。「なぜならば」と口にすると、理由を考えることで、自分自身が冷静になれるのです。**

親：早くしなさい

子：どうして？

親：どうもこうもないわよ、ただ早くして。言うとおりにしなさい‼

これは親の勝手、親の都合に合わせてと言っているだけです。人間関係には方程式があります。理不尽な感情を投げつけたら、相手からも理不尽な感情が戻ってきます。これを続けている限り問題解決はできません。

生活習慣編6

Q

どのように叱っていいのか、わかりません。

A

親と子どもは横の関係で、主語が「You」より「I（アイ）」メッセージで伝える。

→子育て応援団団長・人材育成コンサルタント
三好良子先生

今までの常識↓
親はいつも子どもより立場が上で、常に指示をしてしつける。

叱るときには、親が上の立場と考える人が多いのではないでしょうか。**小学生くらいになったら、親は子どもと横の関係になる必要があります。**

小さいときには、「危ない」「やってはいけません」と上位下達で言わなくてはいけないときもありますが、小学生になれば横の関係を築かなければ、いつも上位下達の状態で、親の指示待ちの考えられない子どもになります。

親は子どもができて初めて、上の立場になる人が多いものです。学校では先生と学生、職場では上司と部下という関係で、親になるまで下の立場しか経験していないかもしれません。子どもができて初めて上の立場になり、自分の言うことを聞いてくれる人ができます。命令できる立場は、人間は好きなものです。牛耳られてきた分、弱者にぶつけてしまいがちです。

言いたくなったら、まずは聞く

横の関係になると認識したうえで、どう叱ったらいいのか。**自分の主張を聞いてほしいなら、まずは相手の話を聞くこと。**コツは繰り返すことです。

親：ごはんよ、ゲームをやめなさい。
子：いやだよ。まだゲームの途中なんだ。
親：そうなの、まだ途中なのね。

お母さんは、〝僕がゲームの途中だとわかってくれた〟と子どもは感じます。これが横の関係です。ただし、やってほしいことも伝える必要があります。I（アイ）メッセージで、お母さんはこうしてほしい、こうしてくれると嬉しいと伝えます。

「下の子をお風呂に入れないといけないから、途中でゲームをやめて食事にしてもらえるとうれしいんだけれど、どうかしら……協力してもらえる？」

Ｉではなく、Ｙｏｕになるとどうでしょう？

「ゲームをやめないから、お母さんはごはんを出せないんでしょ」

Ｙｏｕが主語だと、あなたの考え方は間違っているという批判や非難になるので、気をつけてください。Ｉメッセージに子どもが納得しない場合は、歩み寄ることが大切です。ポイントは「２択から５択へ」です。子育てでは究極の２択をしがちですが、人間は２択で選べないことも多いので、知恵を出し合ってグレーゾーンの選択肢を考えます。

○あとどれくらいかかりそう？

○お母さんは下の子に食べさせ始めてもいい？

○今日はお母さんが我慢するから、明日は６時から食べましょう。

……。

いいアイデアが思い浮かばなかったら子どもに聞いてください。子どものほうがもっといいアイデアを持っていたりします。

Q

習い事、どうしてさせるの?

A

「想定外のこと」に対処できる子どもに育てるため。

千葉大学大学院
教育学部教授
明石要一先生
あかし・よういち　習い事の有無によって、子どもの体力や学力に差が出ることに注目し、放課後の居場所づくりに携わってきた。厚労省・文科省「放課後子どもプラン」作成では同プロジェクトの推進委員会・座長を務める。

今までの常識↓
子どもに得意分野を持たせるため。

最近、ある中学校の体育の授業を見学した際、バスケットボールは上手にプレイできるのに、バレーボールは球が飛んできてもとっさにレシーブすることができない子どもが多くいることに気がつきました。バスケットボールやサッカーなどは、仲間とアイコンタクトをとるので球の動きがある程度想定できるのですが、バレーボールは球がどこに飛んでくるかがわからないので、とっさに動くことができないのです。この「想定外のこと」に対処する力は、昔は集団での外遊びでつけていましたが、今は安全面の問題などもあり、集団遊びがなかなか難しい。ですから、その分習い事でこうした力をつける必要が出てきているといえるでしょう。また、外遊びの機会が減った分、体力づくりのためにも習い事は役立つと考えられます。

学力面にも習い事は作用します。2007年から実施されている全国学力テストにはA問題とB問題がありますが、学校というのはいわゆる基礎・基本であるA問題部分を教える場所です。自分の頭で考え、判断する力を必要とするB問題に対処する力は、さまざまな体験をしている子についていきます。**学校外の体験量を増やすためにも、習い事は有効です。**

10歳までに必要なルール学習

知り合いのベテラン家裁調査官に、家庭裁判所に来る非行少年・少女に共通していることは何かを聞いたところ、「小学校3、4年ころに、秘密基地を作ったりする仲間との遊びを経験していない」という答えでした。つまりやんちゃ娘、やんちゃ坊主たちは、その遊びの中で自然と仲間とうまくやっていくためのルールを身につけていったのです。そのころに仲間と遊ばず、一人で家にこもっていた子は、大きくなってから気に障ることがあった時に抑制がきかず、すぐにキレてしまいます。**習い事、特にスポーツなどでは、こうしたルール学習も子どもたちに経験させられる効果もあります。**

ひとつの習い事は、できるだけ長い期間、せめて5年は続けられるようにしたいですね。5年続けば、ある程度のレベルまで到達でき、子どもも「続けてきた」という自信と、将来趣味などで楽しめるだけの力量がつけられるからです。中学生になると部活動が忙しく、習い事をやめざるを得ないケースが多いので、小学校卒業までに5年間経験できるよう、低学年から始めるとよいでしょう。

習い事は、まずお子さんの性格をよく見て選び、スタートさせましょう。親が「プロ野球選手に」などという過剰な期待をかけると、コーチに文句を言うなどの迷惑行為が出てきてしまいます。「自分では教えられないから、先生にお願いしている」という気持ちを忘れずに、子どもを見守っていきましょう。

Q

英語は小さいうちから学ばせるほうがいい？

A

そんな議論はナンセンス。1つの言葉で育つのは世界でも少数派。

浜田国際大学教授
エー・ウイッキー先生
エー・ウイッキー　セイロン生まれ。国立セイロン大学卒業。文部省の国費留学生として来日。日本テレビ「ズームイン!!朝」で《ワンポイント英会話》のコーナーを担当し、人気を博す。著書に『ウイッキーさんの1日1分！英会話』など。

今までの常識↓　小さいうちからやるべき、日本語を習得してからやるべきなど、議論が分かれる。

英語を早いうちから学ぶべきか、学ぶべきでないか。その議論自体がナンセンスだと思います。

1つの言葉だけで子どもが育つ国は、世界でも少数派です。欧米諸国では小学校の早いうちから1つか2つの外国語を学びますし、中国でも言葉は1つですが、方言が数多くあり、それを学びます。

早いうちから学ぶメリットは、外国語に対する恐怖心がなくなること。小さい頃から外国語に触れていると、他の言葉を勉強するときにも自然に身につきます。日本人は中学校まで1つの言葉で育ち、中学校に入っていきなり"My name is …" "This is a pen." という、普段の会話では使わないことを勉強するので、言葉自体が嫌になるのではないでしょうか。

スリランカでは、私が育った当時は英語、タミル語、シンハラ語の3つの言葉が話されていて、英語が公用語でした（現在の公用語はシンハラ語）。クラスも3つあり、両親が英語を話す家庭の子どもだけが英語のクラスに入れました。私は幸いにも英語のクラスに入れましたが、シンハラ語やタミル語を外国語として学びました。他のクラスの友達と話したいので、一生懸命勉強して自然と3つの言葉を話せるようになりました。

任せっぱなしにせずに親もぜひ参加して

小さいうちから英語を学ぶべきですが、文法を勉強する必要はなく、簡単な会話で十分です。日本語を習得するときも、最初から文法を習うわけではなく、会話から入るはずです。ゲームや絵本などで楽しく会話を身につけながら、中学生になって文法を勉強する。今話しているのは、実はこんな仕組みですというように説明すればいいのです。

英語を学ぶうえで大事なことは、親もいっしょに参加することです。電車に乗っていると、親が私を見かけて、子どもに「何か話してみなさいよ」と言います。でも、子どもは私が誰なのか知らないので、何を話していいかわかりません。もしこのとき親が私に話しかけたら、子どもは「お母さんが話しているこの人は誰？」と興味を持ち、何か話したいという気になるはずです。

子どもは勉強する気にはなりません。親もいっしょに学んでください。

私は自分の息子にドイツ語を勉強させたいと思い、小学校2年生のときからいっしょにNHKのドイツ語講座を見ていました。番組を見ながらわざと間違えたりすると、息子が「お父さん、間違えているよ」と言ってきました。親の間違いを指摘できて得意になります。今では彼は不自由なくドイツ語を話します。「できる」という自信を持たせ成功体験を積ませることは、大切です。

生活習慣編9

Q

ゲームは学力の低下に影響しますか？

A

生活リズムに合わせ、時間帯に気をつければ、学力向上につながる。

東京大学
大学院情報学環教授
馬場章先生
ばば・あきら　早稲田大学第一文学部卒業後、2005年より現職。日本デジタルゲーム学会（DiGRA JAPAN）を設立、初代会長に就任、社団法人コンピュータエンターテインメント協会（CESA）理事。

今までの常識→
ゲームをすると勉強時間が減り、学力を低下させる。

子どもがゲームをすることに、良いイメージを持っている方は少ないのではないでしょうか。「ゲームと勉強は対立したもの」という考え方や、「暴力的なゲームが凶暴な性格にする」といった心配をしている方もいると思います。しかし今、ゲームは社会にとって日陰の存在ではなく、社会の中に位置づけられ、つながっている。大人も含めて広く遊ばれる時代になってきているのです。

90%以上の子どもがゲームに接する、あるいは接したことがあるといわれ、ゲーム好きな子どもも大勢います。**子どもがゲームをしたいという欲求があるのに、無理矢理ゲームから引き離してしまうのは、子どもにとってフラストレーションになるだけ**です。場合によっては、子どもたちの共通の話題に入っていけなくなり、コミュニティからはじかれてしまうことにもなりかねません。子どもだからゲームは駄目というのではなく、むしろ、うまく使いこなすことが大切です。

ソフトの選び方のコツは？

その一つはソフトの選び方です。日本のソフトには、5段階に分けた**適正年齢が表示されているので、そのマークを見て子どもに合ったものを与えていくこと**です。また、最近は脳トレのような計算力や漢字力を養う、楽しい学習ソフトや教育ソフトが増えているので、それをうまく使わない手はないと思います。漫画のキャラクターが漢字を教えてくれるものなどは、勉強に対するモチベーションにもつながるはずです。

今のゲームは、コミュニケーションツールでもあるため、遊ぶことで話題が豊富になったり、一緒にプレイする中で協調する意識も育まれます。また、集中力を養うのはもちろん、ルールを理解し戦略的に物事を考えていくので、合理的な考え方も発達します。ただ「ゲームをしすぎると目が悪くなる」「暴力的なゲームはキレやすい子どもにする」など、科学的には証明されていないもののマイナス面がないとはいえません。

マイナスの影響がないようにするには、プレイ時間に配慮することが大切です。一般にゲームをする時間は1日1時間未満が適正だといわれていますが、子どもに応じた時間をゲームに割けばいいと思います。プレイする時間帯も大事です。「ゲームは勉強が終ってから」という家庭も多いと思いますが、実はその逆です。勉強を始める前にゲームをすれば、集中力や記憶力は上がるのです。ただやりすぎると、疲れて勉強する気がおこらなくなってしまうので、簡単なパズルゲームがおすすめです。反対に寝る前は、刺激を受けて寝つきが悪くなってしまうだけです。また、子どもたちも塾やお稽古で平日は忙しいと思うので、土日にプレイさせるのも一つの方法です。

生活習慣編 10

Q

ゲームをすると
プラスになることはありますか？

A

コンピューターの先端技術に触れ理解するきっかけに。一緒にソフトを選び、プレイすれば、親子の絆にも。

→東京大学
大学院情報学環教授
馬場章先生

今までの常識↓　目を悪くさせ、キレやすい子どもにするゲームは、子どもにとって悪い影響。

実は、コンピューターの先端技術というのは、ゲーム機から家庭に入っていくことがよくあります。たとえば任天堂のＷｉｉ。数年前には大学で研究していたようなセンサーの技術がすでに搭載されています。ゲーム機の本質はコンピューターなので、**ただプレイさせるのではなく、「なぜゲームは動くの？」「なぜゲームはおもしろいの？」といった問いを子どもにしてみることも大切**です。そうすれば、子どもは普段意識せずに遊んでいたゲームに疑問を持つようになり、それがコンピューターの先端技術に興味を持ち、理解していくきっかけにもつながると思います。ちなみに、ITの開発力を伸ばしている韓国では、子どもたちはゲームをすることでパソコンに接します。すると、すぐに夢中になるので、自然とキーボードの打ち方を覚えたり、ゲームの動く仕組み（プログラミング）を覚えてしまう子もいるほどです。また、ITから生まれた世の中の天才たちも、最初は必ずゲームに接しているのです。研究の上でもゲームは大変注目されており、毎年発表される「世界の大学ランキング」のベスト10大学の90％がゲームの開発をしています。

ゲームはあくまでも道具

ただし、ゲームというのは楽しむためや勉強するためなど、いろいろな目的には使えますが、あくまでも道具でしかありません。ゲームに対して最初に関心を持つ3、4歳の時期から、盲目的に与えたり、あるいは禁欲的に遠ざけるのではなく、子どもがやりたいというものを素直に与えることです。それは、ゲームに子守をさせるのではなく、親が責任を持ってゲームをさせるということです。教育ソフトや学習ソフトを無理に押し付けるのではなく、**まずは子どもと一緒にゲームソフトを選ぶことが大切**です。できれば一緒にプレイをして、子どもにゲームのキャラクターが好きなのか、音楽がいいのか、ストーリーがおもしろいのかなど、ゲームの好きな点を聞いてみることです。ゲームはすごく嗜好性が高いので、子どもが好きだというゲームを知ることで、子どもの傾向が把握でき、子どもをより理解することができるのです。**ゲームは、一緒に選んで、一緒にプレイして、家庭の話題にしていけば、親子の絆にもつながります。**

（馬場先生のおすすめソフト）

●英語が苦手な大人のDSトレーニング　えいご漬け（大人向けに開発されていますが、子どもも楽しくできます。）

●ます×ます　百ます計算（毎日10分で計算トレーニングができます。）

●正しい漢字　かきとりくん（漢字を正しくていねいに書く練習に役立ちます。）

生活習慣編11

Q

朝ごはんは和食がいい？

A

主食、おかず、野菜、果物、牛乳をとれば、洋食でも大丈夫。

管理栄養士
森聡子先生
もり・あきこ　スポーツ栄養アドバイザー。2008年1月まで明治製菓株式会社勤務。勤務中は全日本男子柔道強化チーム、トップリーグラグビーチームなどの栄養サポートを行う。

今までの常識↓
和食が健康にも良く、いろいろな食材がとれるのでいい。

朝食に和食がいいと考える人もいるようですが、必ずしもそうではありません。

食事全体で言うと、和食は身体にとても良いと言われているのは確かです。和食の良いところは次の3点です。（1）調理の際に使う油の量が少ない、（2）旬のものを使う、（3）ひとつの食材で煮る、焼く、炒めるなど様々な調理法があるということです。日本が世界一の長寿国になったのも、和食の影響が大きいと言われています。

ただ、和食は調理が面倒なので、毎日和食の朝食を食べるのはむずかしいという人もいるはずです。逆に、洋食のいい点は、調理法が少なく、簡単ということです。朝食で言うと、パンを焼く、サラダを洗って出すなど。さらに、もうひとつ洋食の良い点は、果物を食べることが多いということです。和食ではつかないことが多いと思います。果物は食事でとても重要な要素です。

栄養フルコース型の食事とは

私が提案するのが「栄養フルコース型」の食事です。それは、**(1) 主食(ごはん、パン、麺類)**、**(2) おかず(肉、魚、卵、大豆製品)**、**(3) 野菜(色の濃い野菜を中心に)**、**(4) 果物(甘ずっぱい果物を中心に)**、**(5) 牛乳**の5つを揃える食べ方です。「栄養フルコース型」の食事の5つは、それぞれの働きがあり、この5つをそろえて食べることで元気になるのです。洋食の朝食でこの5つをバランスよくとろうとすると、たとえば、次のような献立になります。

（1）食パン（2）目玉焼きやハム（3）トマトときゅうりのサラダ（4）果物（5）牛乳

果物がむずかしい場合はフルーツジュースでも構いません。牛乳が苦手な人はヨーグルトやチーズに変えても大丈夫です。なお、洋食の朝食でシリアルやコーンフレークだけで済ませたいという人もいるかもしれませんが、これは（1）主食に入ります。よって、他の4つの要素を補うように心がけてください。

この食べ物は良いのですか、悪いのですかと聞かれることがよくあります。基本的にだめなものというのはありませんし、逆にこれだけ食べていたら大丈夫というものもありません。5つの要素をバランス良く食べることが一番大切です。

Q

好き嫌いは必ずやめないといけないのですか？

A

嫌いなものには段階があり、段階に応じて考える。

→管理栄養士
森聡子先生

今までの常識↓
健康のために、できるかでやめるようにする

好きな色や好きなおもちゃがあるように、食べ物の好き嫌いは個性のひとつのようなもの。ただ、好き嫌いにはレベルがあり、そのレベルによって考えてほしいと思います。

いろいろなものを食べたほうが栄養のバランスが良いので、好き嫌いに神経質になりがちです。しかし、大人になって食べられるようになるケースや嫌な思い出がトラウマになることもあるので、**嫌いなものの無理じいは禁物**

です。

ある食物が嫌いという場合、アレルギーがあって、食べると吐く、下痢をしてしまうという場合は、無理に食べる必要はなく、やめたほうがいいです。**味が嫌いという場合は、子どもが興味のあることや関心のある話をするのはどうでしょうか？**　にんじんだったら「○○の好きなウサギさんが食べているよ」など。好きなものや興味のある話を聞くと、案外食べるようになることがあります。また、この野菜がどのように育ったのか、魚はどこの海から来てどのような栄養があるのかなど、食べ物のありがたみを感じさせるような話を伝えるのもいいかもしれません。

私は多くのスポーツ選手の栄養サポートをしてきましたが、彼らにはあこがれの選手の話をよくします。「○○選手はこれを食べたから、強くなったのよ」。大人ですが、こう話すと、不思議と食べるようになります。

まったく受けつけない、見るのも嫌ということだったら、見えないようにすることです。にんじんを細かくしてピラフに入れる、魚はすり身にしてハンバーグに入れるなど。これで嫌いなものが食べられるようになったわけではありませんが、栄養をバランス良くとってほしいと思うのであれば、この方法も考えられます。

一方で、すべての食べ物を食べられなくても代用が利くこともあります。にんじんに含まれるビタミンAはかぼちゃ、ブロッコリー、ほうれん草などに含まれますし、牛肉のタンパク質は鶏肉にも含まれます。

家族で同じものを食べることが大切

嫌いなものはどうせ食べないからと、子どもの食卓に並べないという人もいるかもしれませんが、お勧めしません。**たとえ食べられなくて残しても、家族で同じものを並べて食べることがとても大切**です。

食育という言葉をよく耳にするようになり、関心が高まっています。平成16年に食育基本法ができましたが、この背景には最近流行のメタボリックの影響があります。大人になっていきなり食事に気をつけようと言われても、なかなかうまくいきません。子どものうちから食事の重要性やしっかりとした食習慣を身につけようという考え方が根底にあります。

Q

子どもに「何のために勉強するの」と聞かれたらどう答えればいいの？

A

子どもの質問の真意を理解し、良いコミュニケーションを作る。

古山教育研究所主宰
古山明男先生
ふるやま・あきお　古山教育研究所主宰。出版社勤務後、私塾、フリースクールを主宰。教育相談など地域のニーズに応じた教育活動を行う。『変えよう！　日本の学校システム』（平凡社）

今までの常識↓　将来何になりたいかを聞き、「そのために勉強をするんだよ」と言い聞かせる。

これは子どもとのコミュニケーションを深める絶好のチャンスです。なぜ、子どもがこんなことを言っているのか一緒に見つけましょう。コミュニケーションをとれること、それ自体が子どもに変容と成長をもたらします。

「何のために成長するの」と子どもが聞くのは、今やりたくないという意味から人生哲学的な問いの意味まで、いろんな可能性があります。とにかく「〜ちゃんはどう思う」とか、「そうねえ、今どうして聞きたくなったか教えて」

とか水を向けて、もう少し説明してもらいましょう。

「何のために勉強するの」は、「今、遊びたい」、「今、勉強する気分ではない」というように、現在の状態を親に伝えようとしている場合もあります。そこに「将来、なりたい職業は何なの（だから勉強しなさい）」なんて、まるで的外れです。子どもが「今、遊びたい」ことに何の問題もありません。子どもは遊びで育ちます。

子どもが「今、勉強する気分ではない」ことを共感できた親子は、とてもいい親子になれます。その共感があるなら、「でも、これを終わらせてからにしようね」と持ちかけることもできます。そして、子どもが「遊びたい」だけではなく、「もっと知りたい」や「これを教えて」のかたまりでもあることが実感できると思います。

10歳までに本当の知性と理解力を育てるために

「何のために勉強するの」は、子どもが今やっている教材、勉強方法などに問題があって、子どもが進めなくなっているという訴えが隠れていることもあります。子どもに状況を教えてもらいましょう。市販のドリル等の教材は、まだまだ不完全なものです。学校の先生や塾の先生が一生懸命教えてもうまくいかないのに、子どもにひとりでドリルをやらせたら学力がつくなんて、しょせんは虫がいいのです。親子仲を悪くしてまでやらせる価値はありません。でも、子どもの状況に応じて、ベターな教材はありますから、親が自分で試したり子どもの様子を見て選ぶことが大切です。

10歳以下でしたら、安定した生活、信頼できる親、自由な時間が十分にあること、この3つが本当の知性と理解力を育てます。教科書やドリルでの勉強は、小さな部分にすぎません。それより家族の食事のとき何を話しているかのほうが、はるかに子どもの学力に影響を与えています。食事のときの会話が、思いやりに富んでいるでしょうか。子どもをからかったりけなしたりしていないでしょうか。もし、「何のために勉強するの」が、本当に勉強の目的を尋ねているのだったら……。とにかく、親が自分の言葉で語りましょう。自分が、学んで本当に良かったときのことを話しましょう。親が実感で自分のことを語るとき、子どもの深いところにまで入ります。

Q

家庭学習の目的は決めたほうがいいの？

A

親が自分の目的意識を自覚し、効果を判断する必要がある。

→古山教育研究所主宰
古山明男先生

今までの常識↓
子どもに目的意識を植えつけて家庭学習をさせる。

親が子どもに家庭学習をさせる目的はなんでしょうか。漫然と勉強しなさいと言っても子どもは動きませんし、無意味な不安感を植えつけます。親の目的意識をはっきりさせ、効果があるのかどうか判断しましょう。

学校での成績が悪くて、何とか子どもをついて行かせたい場合もあります。この場合、原因は様々です。発達の早い子と遅い子、学校の状況、家庭の状況などたくさんの要因があり、どの影響が大きいかを見つけるのは簡単ではありません。すべては、あるがままを知るところから始まります。あるがままを知ることが解決の道です。

家庭生活が乱雑な場合、子どもにだけ勉強をさせても、家庭の乱雑さにかき消されてしまいます。**まず、夕食と朝食がいつ出てくるのか予測のつく生活をしましょう。口先だけで指示することをやめ、テレビの時間とゲームの時間を制限しましょう。家の中を整頓しましょう。子どもと身体ごと戯れましょう。**そういうことと並行していれば、子どもに家庭学習させるときに、落ち着いた静けさが家庭の中に流れてきます。

家庭学習が、中学受験を目指している場合もあります。私は小学生に受験勉強をさせないほうが良いと思っています。ただ、公立中学はすさんでいる場合が多いことと、高校受験をパスできるメリットを考えると、現実的には中学受験は十分に理由のあることだと思います。その場合、勉強のピークを思考力のついてきた小学校6年生にもってきて、短時間で効率よく済ませることです。10歳までは、国語力だけで十分です。本を読んであげましょう。本の中の世界を共有しましょう。理解力をテストするようなことはやめましょう。子どもにとって、そんなことは学校だけでうんざりです。

子どもが自分で目的意識をもつのは

もし、漠然と将来の学力のために家庭学習を考えているのでしたら、テキスト自習型学習の必要量は子どもによってものすごく個人差があることを知る必要があります。学校でやる練習問題で足りている子もいます。学校では足りない子もいます。そこを見極めてあげる必要があります。また、子どもは体験型学習を好み、テキスト学習タイプを好まないのを、健全な本能だと考えてください。

親に言われたからと勉強してきた学力は、13～14歳どまりです。そこから先は、それまでの自主性の発達にかかっています。親に目的意識を植えつけられて勉強してきた子は、それなりに良い点を取りますが、中学の後半くらいから、勉強しているのに成績がズルズルと下がることが多いです。子どもが自分で目的意識をもって勉強する学習方法は、中学生くらいから芽生え、20歳くらいになって完成します。

Q

子どもの質問に親が答えられないときはどうしたらいいの？

A

「どうしてなんだろう」「何でそうなるんだろうね」と答え、子どもと一緒になって調べる。

日本コーチ連盟／正会員
大石稜子先生
おおいし・りょうこ　コーチングSERERE代表。日本コーチ連盟正会員。共育コーチング研究会所属。小学校教員を経て、2001年、コーチとなり共育コーチング研究会の立ち上げに参加。

今までの常識↓
答えるのを先延ばしにして、後から調べて答える。

子どもが大きくなってくると親のわからないことを聞いてくることが多くなります。子どもの質問に答えられないと、弱いところを子どもに見せてしまう、と思い込んでいる親は多いのではないでしょうか。できるだけ答えるのを引き延ばして、その間に調べて答えている親もいると思います。正確な答えを調べて子どもに答えることは、結果的には間違っていません。しかし、**子どもに答えるということは、答えを伝えるだけではありません。答えられ**

なくていいのです。むしろ、そのほうが子どもの家庭教育のためになります。「どうしてなんだろう」と、一緒に調べてあげてください。本で調べてもいいでしょうし、インターネットで調べてもいいと思います。その過程で子どもは調べることを学習することになります。そして、これが大事なのですが、子どもが「親から愛されている」と感じられることに繋がります。

私が教師経験で分かったのは、**親から愛されていると実感している子どもほど、伸びるようになる**ことです。これは私が薦めている親や教師のためのコーチングの基本です。ですから、子どもと一緒に考える習慣をつけてくださ い。そのなかで子どもに「あなたを愛している」「いつでもあなたの味方よ」という愛情を伝えてください。

家庭学習としつけは分ける！

ただ、家庭学習の範疇ではありませんが、**社会的なルールについてはしっかりと答えてください。**人を傷つける行為、不公平な行為、不正・ずるい行為、思いやりに欠ける行為はしてはならないルールとして共有してください。

これは家庭内でのしつけになります。ここでは家庭学習としつけは分けて考えてください。「お父さんにきいてみよう」とアクセントをつけるのもいいでしょう。できるだけ、会話を多くすることもコーチングの基本です。多くの人と関わることによってそこから得る情報が多くなります。会話をすることによって、コミュニケーション能力を子どもにつけさせることができます。「どうしてなんだろう」と友だちと話し合うのもいいですね。ですから、子どもの友だちは大事にしてあげてください。勉強の邪魔になると思っている親は多いと思いますが、友だちも自分の子どもを伸ばしてくれる大きな存在なのです。

教室での勉強は良い面が多いのですが、一人ひとりへの対応では個別指導にはかないません。家庭学習は個別指導ですから、効率のいい勉強法といえます。学校とは違い、子どもと一緒に調べたりすることができます。ですから、子どもの質問には一緒になって考える道筋をつくってあげてください。子どもの学ぼうとする意欲を育て、やればできるということを子どもに伝えることが大切です。

Q

子どもが勉強したくないと言ったらどうすればいいの？

A

認めてあげて、「どうして勉強したくないの」と理由を聞いてあげる。

➜日本コーチ連盟／正会員
大石稜子先生

今までの常識↓
叱ってとにかく勉強させる。

「子どもが勉強したくない」と言ったら、小学校低学年の子どもの場合、とにかく勉強しなさいと叱りつけることが多いのではないでしょうか。

子どもは渋々と勉強をするでしょうが、それでは勉強する習慣はつきません。まず、その気持ちを認めてあげてください。宿題をその日のうちにしなければいけない状況かもしれません。しかし、子どもと話し合うことが大切です。「そうだよね、そういうときもあるよね」と認めてあげて、「勉強したくない理由は何かな。教えてくれるかな」と理由を聞いてあげてください。子どもは単に理由を聞いてくれると感じて、すらすらと不満を言ってくれます。ここから子どもがなぜ勉強したくないかを考え、どうしたら勉強したくなるかをサポートするのです。

この時期の子どもは「勉強はしなくてはいけない」「できるようになりたい」「テストで良い点をとりたい」と分かっていますが、「自分のために勉強するんだ」という意識を持っていない場合が多いようです。ですから、**まず「もし魔法のランプがあったら、それで何になりたいの」とゴールイメージを考えさせてください。**将来を見すえてから今を考える習慣になります。ゴールイメージは、「そのために今勉強する」というポジティブな気づきをもたらします。

大切なのは子どもとの会話

また、「どうしたら勉強したくなるのか教えて、手伝うわよ」と具体的なステップを聞く方法もあります。ここからは子どもによって様々になると思いますが、勉強する時間を子どもに選ばせ、自発的に勉強するようになった成功例は多いようです。子どもは自分が選んだことや決めたことは責任を持って自発的に取り組みます。勉強する時間よりも勉強することが大切です。「勉強したくない」と言っている子どものなかには、勉強のやり方が分からない子どももいると思います。それにより、自信がなくなり「勉強したくない」と言っているのです。**自信がなくて「勉強したくない」と子どもが言っていると感じたときは、子どもに寄り添って勉強のやり方を教えてあげてください。**少しでもできるようになって分かったと思うと子どもは自信を持ちます。一度、自分で勉強して達成感を感じると、それが子どもの勉強習慣がつくきっかけになります。

いずれにせよ子どもとの会話が大切です。ただ、子どもとの会話で守ってもらいたいことが3つあります。「**誰かと比較しない**」「**否定しない**」「**評価しない**」です。これは理屈ぬきで守ってください。子どもにネガティブな感情を与え不安にさせることになります。子どもの思いを尊重しながら受け止め、小さなことでも前向きな変化を認めながら会話を進めてください。

Q

算数の力をつけさせるには計算させたほうがいいの？

A 計算力は必要条件であるが十分条件ではない。

トライグループ取締役
森山真有先生
もりやま・しんゆう　島根県出身。1995年京都大学経済学部を卒業後、株式会社トライグループに入社。取締役となった現在も、担当生徒を抱え、学習プランの立案、家庭教師の指導などを行う。

今までの常識↓
とにかく計算させているのが現状。

これから中学受験の問題はＰＩＳＡ（ＯＥＣＤが実施する世界標準のテスト）型なものになってくる、と言われています。**算数に関して言えば、計算力ではなく洞察力や読解力、思考力が問われ、「旅人算」「差分算」などの特殊演算を修得するだけでは太刀打ちできなくなってきます。**しかし、計算力のフォーム（型）はきちんとつけさせなければなりません。たとえば、13ひく8という計算をしたときに、フォームができている子どもは、まず13を10

と3に分解します。そして10から8をひいて2になり、それに先ほどの3をたして5になるわけです。これが正しいフォームなのですが、問題を解く度に、このフォームがバラバラになってしまう子どもも少なくありません。たとえば、13から3をひき、残った10から5を引くというようなやり方です。このような計算のフォームがバラバラで固まっていない子どもはケアレスミス（単純な計算ミス）をよくおこします。

中学受験を考えている方は、小学校低学年のうちに、このような計算フォームをつけた上で、受験算数を学んでゆくとスムーズでしょう。しかし、先述のように特殊演算だけではなく、**思考力・読解力を問われる問題を3、4年生あたりから取り組んでいかなければならなくなります。**

思考力を育てる学習法

家庭教師のトライでは、このような力をつけるための手法として「ダイアログ」と呼ばれる授業を実施しています。ダイアログは直訳すると「対話」。家庭教師が問題の解き方を一方的に講義するのではなく、家庭教師が生徒に

「この問題を見て、気づくことは？」「どういう方法で解答を導くの？」と質問し、わからなければ少しずつヒントを出していきながら解答まで導いてゆくのです。こういった勉強をさせると、すぐに正答を求める姿勢から、「どうやって考えてゆけば良いか」というプロセスに注目するようになります。生徒自身が「これから説明しようとすることに客観性があるか？」「論理的に正しいか？」などを自己確認しながら説明するようになります。情報をアウトプットすることを通じて思考力を養ってゆくのです。

しかし、この学習方法は全ての学年の生徒に効果的だとはいえません。頭脳の成長過程において客観性を帯びてくる頃からスタートすることが大切です。個人差はありますが、だいたい9歳半から11歳の間で、このチャンスが訪れます。それより前に、この方法を実施してしまうと、思考することで頭が混乱してしまうこともあります。つまり、**小学校に入ってからしばらくは、ドリル的な問題集を数多くこなすことをテーマとして取り組み、小学4年生くらいから数理的思考力を養う学習をするのがベスト**だといえるのです。

Q

家庭学習で学年を超えた勉強はしたほうがいいの？

A やりかたによるが、したほうがいい。

トライグループ取締役
森山真有先生

今までの常識→「したほうがいい」という論と、「しないほうがいい」という論と両方ある。

先取り学習をすることにより、子どもは学校の授業をおろそかにし、結果的には知識が虫食い状態になる危険性があります。一方、きちんとしたカリキュラムにのっとって先取り学習を行えば、このような虫食い状態の知識にはならないでしょう。学年にとらわれず幅広く学び知的好奇心を刺激するということは、子どもの潜在能力を開花させる上で効果的だと思います。

私には姉が2人います。小学生の頃は毎週土曜日に、父親と姉たちとで「漢字大会」をしていました。これは勉強というよりもゲームのような感覚で行っていました。「〝あ〟のつく漢字を知っているだけ書き出しなさい」という課題に対して、みんなで思いつく限りの漢字をスーパーのチラシの裏に書くのです。それぞれが書ききったところで、みんなで品評会です。「それは、どんな意味の漢字？」「あ！その字があったか！僕も知っていたのに！」という具合に、楽しみながら勉強をしていました。このゲームを通じて、知らない漢字を覚えることができたのはもちろん、普段の生活のなかでも町で目にした漢字を見て「何て読むの」と大人に聞いてみたり、本を読んで難しい漢字を覚えて姉をビックリさせてやろうなどと思ったものです。

これも私の経験ですが、我が家は貧乏で親にマンガを買ってもらえませんでした。そのかわり、たまたま家にあった百科事典を開いてみると意外とイラストも多く楽しめることに気がつきました。ある時「億と兆よりも上の単位は何か」というページを読みました。兆よりも上の単位があることに驚きました。「億（おく）・兆（ちょう）・京（けい）・垓（がい）・秭（じょ）・穣（じょう）・溝（こう）・澗（かん）・正（せい）・載（さい）・極（ごく）・恒河沙

（ごうがしゃ）・阿僧祇（あそうぎ）・那由他（なゆた）・不可思議（ふかしぎ）・無量大数（むりょうたいすう）」。この中で「恒河沙とはガンジス川（恒河）の砂（沙）のこととありました。これによって、ガンジス川を知り、手塚治虫の「ブッダ」に興味を持って図書館で読みふけりました。興味をもって覚えた知識は忘れないものです。

こういうこともありました。姉が百人一首を覚えて周りの大人たちにほめられていたのを見て、自分も小学校2年生で百人一首を全部覚えました。たまたま一首ずつを時代背景も加えて説明した本があったため、それを読み、和歌の意味とともに日本の歴史にも興味を抱きました。また、和歌を読んでも自然と助動詞の意味を把握できるようになったのです。

先取り学習や英才教育を大人主導で行ってしまうと、必ずしも子どものためにはならないような気がします。大切なのは子どもの知的好奇心をくすぐること。そういった家庭環境をつくってあげることができれば、子どもにとって最高の財産になると思います。

10歳までの子育ての教科書

発行日 2011年10月 5 日　第1版第1刷

編者　アスコム
撮影　貝塚純一
イラスト　清水将司
デザイン　細山田光宣、横山朋香（細山田デザイン事務所）
編集協力　洗川俊一
カバーモデル　よねくらけい
編集　柿内尚文
発行人　高橋克佳
発行所　株式会社アスコム
〒105-0002　東京都港区愛宕1-1-11　虎ノ門八東ビル7F
編集部　TEL：03-5425-6627
営業部　TEL：03-5425-6626　FAX：03-5425-6770
印刷　中央精版印刷株式会社

ISBN978-4-7762-0667-5

本書は、雑誌&ムック「できる子は10歳までに作られる」
（アスコム刊）に掲載された記事から抜すいし、
再編集したものです。